SÃO LUÍS GUANELLA

Família Guanelliana

Servos da Caridade
Av. Benno Mentz, 1560 – Bairro Ipiranga
91370-020 – Porto Alegre-RS
Tel.: (51) 3347-5492

Cooperadores Guanellianos
Av. Santa Inês, 2229 – Mandaqui
02631-000 – São Paulo-SP
Tel.: (11) 2258-6085

Filhas de Santa Maria da Providência
R. Matias José Bins, 820 – Chácara das Pedras
913330-290 – Porto Alegre-RS
Tel.: (51) 3331-0215

Mario Sgarbossa

SÃO LUÍS GUANELLA
Pai dos pobres

Dados Internacionais de Catalogação na Publicação (CIP)
(Câmara Brasileira do Livro, SP, Brasil)

Sgarbossa, Mario
   São Luís Guanella : pai dos pobres / Mario Sgarbossa ; [tradução
Atanasio Francisco Schwartz]. – São Paulo : Paulinas, 2012.

   Título original: Don Guanella : voglia di bene.
   Bibliografia.
   ISBN 978-85-356-3180-7

   1. Caridade   2. Guanella, Luigi, Santo, 1842-1915   3. Santos
católicos - Biografia   I. Título.

12-05316   CDD-282.092

Índice para catálogo sistemático:
1. Santos : Igreja Católica : Biografia e obra   282.092

Título original da obra: *Don Guanella: Voglia di bene*
© Paoline Editoriale Libri. Figlie di San Paolo, 2008
Via Francesco Albani, 21 – 20149 Milano – Italy

1ª edição – 2012

Direção-geral: *Bernadete Boff*
Editora responsável: *Andréia Schweitzer*
Tradução: *Atanasio Francisco Schwartz*
Copidesque: *Cirano Dias Pelin*
Coordenação de Revisão: *Marina Mendonça*
Revisão: *Sandra Sinzato*
Assistente de arte: *Ana Karina Rodrigues Caetano*
Gerente de produção: *Felício Calegaro Neto*
Capa e diagramação: *Manuel Rebelato Miramontes*
Fotos: *Vismara Calimero*, Arquivos dos Servos da Caridade, Como

*Nenhuma parte desta obra poderá ser reproduzida ou transmitida
por qualquer forma e/ou quaisquer meios (eletrônico ou mecânico,
incluindo fotocópia e gravação) ou arquivada em qualquer sistema ou
banco de dados sem permissão escrita da Editora. Direitos reservados.*

Paulinas
Rua Dona Inácia Uchoa, 62
04110-020 – São Paulo – SP (Brasil)
Tel.: (11) 2125-3500
http://www.paulinas.org.br – editora@paulinas.com.br
Telemarketing e SAC: 0800-7010081
© Pia Sociedade Filhas de São Paulo – São Paulo, 2012

SUMÁRIO

Apresentação à edição brasileira.. 11

Prefácio... 13

Introdução.. 17
    Qual fábula de outros tempos.. 17

I. As surpresas da Providência.. 21
    A família Guanella... 22
    A vocação.. 25
    Os caminhos do coração... 29
    Lembranças de uma vida... 31
    A voz do silêncio.. 33
    O seu Vale.. 35

II. Padre de fronteira: por um ministério pastoral *em novo estilo*............... 37
    Inicia-se no fundo do Vale... 37
    De Prosto a Savogno.. 41
    As Admoestações... 44

III. Principiante na escola de Dom Bosco................................. 47
    As inquietações de um jovem sacerdote........................ 47
    Em Turim.. 48

IV. Em Traona, com "a Providência no bolso", ou quase........ 53
    Crer, esperar.. 53
    Em Olmo, no caminho do Spluga................................... 58

V. Pianello Lario: surge a luz da futura Obra guanelliana....... 61
    Nenhuma bonança após a tempestade........................... 61
    Pregador e escritor... 66

VI. A primeira expansão: de Pianello a Como......................... 71
    Irmã Clara Bosatta, duas órfãs e uma cabritinha........... 74

VII. Em frente 81
    Pão, vida espiritual e algumas lágrimas............................ 81
    A vida retoma o ritmo cotidiano 85
    As parábolas de Padre Guanella 86
    O discernimento das vocações 89
    A Obra não interrompe sua atividade literária 91

VIII. "Deixem-no fazer o bem", disse o bispo de Como............ 97
    O arrimo de Dom Andrea Ferrari 98
    De Como a Milão.. 103

IX. Padres pacientes ou eruditos? 107
    Um grande amigo: Pio X 108
    A formação 111
    As Filhas de Santa Maria da Providência 114

X. Padre Guanella fala pouco, mas trabalha muitíssimo 119
    "Não merecemos louvores, mas censuras" 119
    A tecelagem Binda 121
    O mundo todo é sua pátria... 124

XI. Pian di Spagna. A cruz e o arado: um desafio...................... 133
    O céu sobre o pântano 133
    O Vêneto chama e Padre Luís responde 136

XII. Aurélio Bacciarini: A cruz e as cruzes de pároco e de bispo 143

XIII. Peregrino nas fontes da nossa fé....................................... 153
    As novas fronteiras da caridade 153
    Surpresas no retorno da Terra Santa 156

XIV. Todas as estradas conduzem a Roma. Pio X, "o Santo protetor" 161
    Três santos 161
    O Papa protetor: Pio X 162

XV. A "pequena basílica" romana em honra ao esposo de Maria 169
    Para quem bate o sino? 170
    A devoção a São José 171

XVI. A via marítima, outra aventura da caridade entre os emigrantes 177
    "Ide e ensinai as gentes".. 177
    Padre Luís descobre a América....................................... 178
    A missão nos Estados Unidos.. 181

XVII. Luzes no crepúsculo. Assim morre o justo 187
    Ao encontro de Cristo 187
    A constituição física começa a ceder: a paralisia 190
    "Morre um santo" 190
    A canonização do Pe. Luís Guanella: a cura de William Glisson.. 192

XVIII. Divagações guanellianas: servite dominum in laetitia 197

Síntese de um pensamento. Quinze perguntas hipotéticas feitas
a Pe. Guanella com quinze prováveis respostas 205

Bibliografia 211

APRESENTAÇÃO
À EDIÇÃO BRASILEIRA

É com muita alegria que apresento aos leitores de língua portuguesa a biografia de São Luís Guanella, Pai dos pobres.

São Luís Guanella, um dos grandes santos da caridade, poderia ser definido como um homem, um sacerdote, um religioso possuidor de um coração grande, repleto de amor por Cristo e pelo próximo. Tinha um coração que se abria a todas as necessidades humanas, a todas as misérias físicas, espirituais e morais do seu tempo. Queria estar presente em todos os lugares onde as pessoas sofriam: crianças órfãs abandonadas à própria sorte, crianças e adolescentes com deficiência física e mental; idosos pobres e abandonados; imigrantes que deixando suas terras de origem se arriscavam a perder a fé; camponeses que deixavam as terras das montanhas e se perdiam moral e espiritualmente na cidade. Pe. Guanella queria ir pessoalmente e enviar suas primeiras Irmãs à cidade de Nápoles, em 1884, quando a cidade teve que enfrentar uma violenta epidemia de cólera; foi ajudar as vítimas do terremoto, em 1915, no sul da Itália.

Uma das suas grandes preocupações era a juventude. Onde chegava, dava possibilidade aos jovens e às jovens de se alfabetizar, no tempo em que as moças eram proibidas de estudar.

São Luís Guanella tinha um coração grande para amar a todos, para sofrer por todos e com todos, um coração misericordioso, semelhante ao Coração de Jesus, do qual era devotíssimo.

Poderíamos dizer que conseguiu sintetizar a vida dos três santos que ele admirava: São Vicente de Paulo, que dedicou sua vida a atender aos pobres; São João Bosco, o santo da juventude, e São José Bento Cottolengo, o santo que se dedicou aos deficientes físicos e mentais do seu tempo.

Para fazer o que fez, devia ser – e o era de fato – um "homem de Deus", um imitador de Jesus, "bom samaritano"; um educador apaixonado pela promoção da juventude; Pai dos pobres, física, moral e espiritualmente, afinal, um santo.

Assim foi reconhecido pela Igreja no dia 23 de outubro de 2011, na Praça de São Pedro, pelo Papa Bento XVI.

Porto Alegre, 24 de março de 2012.
104 anos da Fundação da
Congregação dos Servos da Caridade
PE. CIRO ATTANASIO, SDC

PREFÁCIO

Os sonhos de Deus excluem as periferias. Se os homens as constroem para ali despejar os pobres em meio às agruras da vida, Deus suscita homens e mulheres em condições de preencher de amor e solidariedade as favelas da marginalização.

Os santos apresentam-se quais obras-primas da arte criadora de Deus. O Senhor do universo – o Deus três vezes Santo –, os suscita ao longo da história para testemunhar a sua ternura pelos feridos da vida. Ele os suscita quais luzeiros para iluminar o caminho dos fiéis e inquietar a consciência dos abastados para não usufruírem, sozinhos, da festa. Deus faz escorrer, nos subterrâneos da história, o fluxo positivo de seus santos para o mundo não se debruçar sobre si mesmo, bem como despertar a energia divina em condições de possibilitar ao ser humano tornar-se colaborador qualificado de sua presença no mundo. Os teólogos dão asas à fantasia para descrever a vida de Deus e o esplendor de sua beleza. Contudo, os santos são as pessoas em condições de afirmar concretamente quem é Deus numa linguagem acessível até mesmo a uma criança.

Pensa-se, às vezes, que a santidade deva revestir-se de acontecimentos estupendos e excepcionais; mas a santidade, predileção de Deus, é a do dia a dia, do *fermento evangélico*, em condições de levedar, com divino sabor, cada hora da jornada.

Esta biografia do sacerdote São Luís Guanella – compilada com amor por Mario Sgarbossa –, caracteriza-se pela originalidade em poder descobrir a alma secreta da caridade. Ela se esmera no *desejo do bem* e se perpetua no dia a dia, ensinando-o às crianças na escola, ciente de ser a memória berço do futuro, e relata a vida dos santos, porque a narrativa envolve e convida à imitação. Ela encoraja o enfermo e ampara o ancião, simultaneamente. Guanella sabe, muito bem, que o maior sofrimento é esse: não se sentir amado. Sempre neste contexto, ele oferece ajuda financeira nos momentos difíceis, compartilhando o afeto com uma refeição frugal a quem bate à sua porta e auxilia a carregar a cruz, acompanhando e infundindo confiança às famílias ao longo do caminho, lado a lado com um filho portador de deficiência.

Pe. Guanella utilizou o fermento evangélico. Aproveitou cada ocasião para redigir e difundir a mensagem de Jesus com especial e delicada atenção às pessoas mais simples.

Todavia, onde ele se transforma num gigante é no zelo pelo amor a Deus, alimentado através da oração constante. Nela ele realiza a síntese de sua alma em amar a Deus e ao próximo, tornando-se a oração como que a alma do seu apostolado. Antes de as obras florescerem em suas mãos, elas desabrochavam, justamente, no coração de sua oração: "Meu Deus, faze-me conhecer a tua vontade!".

Quando do funeral de Luís Guanella, o cardeal Andrea Carlo Ferrari se interrogava de como Pe. Luís gostaria ser chamado, e a resposta era uma só: "Servo da Caridade", porque o dom de si aos outros foi o respiro, a motivação de sua vida.

Tal narrativa de uma vida em tonalidade familiar possibilita a percepção, quase um eco das palavras e dos sentimentos de São Luís Guanella. De mãos dadas conosco, o autor nos faz reviver novamente o cântico da Virgem na casa de sua prima, Isabel: o *Magnificat*, eco da bem-aventurança de uma fé acreditada, vivida e operante.

Nesse mesmo contexto, o tímido adolescente partiu de um lugarejo aos pés dos Alpes, na fronteira com a Suíça, a fim de responder aos desejos de Deus, dando o melhor de si. No ocaso de uma vida laboriosa, o humilde servo é proclamado santo, envolto com a benevolência de Deus e a estima dos fiéis. Assim, por ter amado intensamente a Deus, agora a sua pessoa encontra-se envolta em auréola de luz, valioso sinal da ternura de Deus Pai pelos seus filhos e exemplo luminoso para quem crê.

PADRE MÁRIO CARRERA
Postulador

INTRODUÇÃO

Qual fábula de outros tempos

São Luís Guanella pertence a um seleto grupo de pessoas que souberam responder concretamente ao convite evangélico *Veritatem facientes in caritate*, ou seja, ensinaram uma verdade cristã fundamental: fidelidade e caridade constituem um binômio inseparável no caminho rumo à perfeição. *Per aspera ad astra*, pela austeridade chega-se às estrelas! Ao adolescente Luís Guanella, que viveu na montanha até os doze anos, no Vale São Tiago, hoje mais conhecido como Valle Spluga, os pais – para motivá-lo a prosseguir nos estudos por conta própria após as séries iniciais –, narravam a história de um adolescente pobre que, para entreter-se com a leitura, noite adentro, mesmo no inverno, tamanho era o desejo de estudar, saía de casa para desfrutar da luz de um lampião de gás. Tal adolescente muito progredira, elegendo-se cardeal.

Luís Guanella, ao invés, solicitou ao pai poder imitar o irmão maior, Lourenço, clérigo do curso de Teologia no Seminário de Como, contando com a ajuda do pároco de Campodolcino, seu parente. Por que não? E ele conseguiu um lugar gratuito no colégio Gallio, para jovens pobres, que faziam por merecê-lo, fundado por Tolomeo Gallio.

Raramente uma recomendação tão simples resultou num êxito tão feliz. Se o colégio não abrisse as portas ao pequeno camponês, gratuitamente, é bem provável que a Igreja não tivesse contado com beneméritos e santos fundadores como Luís Guanella, por exemplo. Milhares de jovens, portadores de deficiência, tidos como *benjamins de Deus*, era esse o nome que lhes reservava carinhosamente, não teriam encontrado um refúgio seguro nas Casas acolhedoras dos Servos da Caridade e das Filhas de Santa Maria da Providência.

Os santos não se ufanam de falar das próprias virtudes. Quanto aos defeitos, são os outros que falam. Os santos, porém, preferem confiá-los à misericórdia divina. Quanto aos méritos, Pe. Guanella procurou envolver-se com um manto de modéstia para não ceder à vanglória, justamente no declinar de sua laboriosa existência. Desse modo, utilizou um gênero literário biográfico em vez de autobiográfico, utilizava a terceira pessoa. Às vezes, recorria à primeira pessoa para um esclarecimento ou, mesmo, por uma simples exigência gramatical.

A leitura do texto *Le vie della Provvidenza* nos apresenta, sob muitos aspectos, um santo genuíno e cândido. Há muitas surpresas na vida deste padre batalhador, sincero e intransigente. De fato, estão muito presentes.

Os *Servos da Caridade* – mais conhecidos como guanellianos, a partir do sobrenome de seu Fundador –, deixaram engavetados por muitos anos esses escritos repassados a seis escrivães como testamento espiritual a seus filhos e filhas, que acreditaram em sua palavra antes mesmo de vê-la confirmada por uma corajosa e, mesmo, contrastante realização, com fé e *caridade sem reservas*. O desejo de fazer o bem caracterizou a vida de São Luís Guanella desde o ginásio. Foi a partir dali que os colegas – por brincadeira ou merecido elogio –, lhe outorgaram o sobrenome de *negociante da Providência*. "O clérigo Guanella" – como deixou escrito – "os colegas clérigos o tinham como negociante e provedor". E ele o confirma no *Relatório para o desenvolvimento do Asilo:* "Como noto, me parece mais adequado confiar, acima de tudo, na Providência do Senhor. Conduzido por ela percebo ter mais força; sem ela não me animo a dar um passo sequer". Mas quantas surpresas por parte da Providência! Desde jovem sempre conseguia auxiliar as pessoas necessitadas. Às vezes, à imitação de um mágico habilidoso, que tira o coelho da cartola. Mas não o fazia para exibir-se ou deixar as pessoas perplexas.

Uma única coisa ele não conseguiu: colocar na mesa um copo de vinho para o almoço e a janta... Na montanha, nem mesmo às crianças era negado. Eis aqui uma das dificuldades do jovem montanhês a ser enfrentada: engolir aquela comida pouco apetitosa, não acompanhada por um vinho suave fabricado às margens do lago de Como.

Quem se pôs a narrar a vida do Fundador conseguiu desfrutar de suas "memórias autobiográficas" à semelhança dos agricultores, que bebiam da água da torrente com suas mãos, diretamente.

A confiança de Guanella na Providência fundamenta-se na caridade, mas *uma caridade sem reservas*, exatamente como se lê no Evangelho: "Pedi e vos será dado! [...] todas as vezes que fizestes isso a um destes mais pequenos, que são meus irmãos, foi a mim que o fizestes!" (Mt 7,7; 25,40). E quando a fé se une à heroica caridade, como a de São Luís Guanella, é então que se pode pensar num retorno em "medida socada, sacudida e transbordante" (Lc 6,38).

I

AS SURPRESAS DA PROVIDÊNCIA

"Passar a vida fazendo o bem
é a mais valiosa consolação e a bênção mais seleta
que o Senhor concede a seus filhos,
pois cumprir a caridade é fazê-la a Deus,
de quem os pobres são os benjamins."

Com o intuito de entrar em sintonia com as normas da narrativa biográfica – segundo o desejo do autor –, nós nos limitaremos a colher algumas "pérolas" do rico depósito de informações, que a lúcida memória do Fundador, já em idade avançada, soube reportar. Isso no momento exato em que se apresenta como motivo de felicidade retroceder e envolver-se em meio a tantas recordações. E as surpresas logo aparecem. Eis a primeira: Pe. Guanella menciona nomes, sobrenomes, diversos parentescos e pequenos episódios da vida familiar com a meticulosidade de um diarista, como se estivesse anotando cada acontecimento importante ou insignificante, sem nada omitir. E por qual razão? Como se percebe, deve-se ao fato de o idoso sacerdote – sabendo até mesmo se beneficiar dos insucessos – desejar salientar, antes de tudo, as obras da Providência, na condição de mero instrumento.

O ponto de partida é o Vale São Tiago, que se "estende por 20 km, de Chiavenna ao maciço do Spluga. É perigoso e de difícil travessia, circundado de montes altíssimos, sujeitos a frequentes desmoronamentos". A Áustria, que até a segunda guerra da independência italiana (1859) dominava a região da Lombardia e do Vêneto, na Itália, alguma coisa boa realizara: "de Lecco a Chiavenna e Campodolcino, eis a belíssima estrada construída pelos austríacos, conduzindo à capital, Viena". Muitos italianos, todavia, dirigiam seus olhares ao sul. Seu desejo era ver logo a Itália liberta do domínio estrangeiro e finalmente unida, não obstante a mal-sucedida expedição de 1848. Mas quem vivia em meio às montanhas mirava a sobrevivência com os parcos resultados obtidos com o pastoreio. "A população do Vale São Tiago era sóbria, trabalhadora e, sobretudo, religiosa".

Campodolcino era o ponto de referência do Vale, com a Igreja paroquial à beira da torrente Rabbiosa, "que tem sua origem das neves eternas do Pico Estrela e corre ao lado do distrito de Fraciscio (poucas casas construídas pelos próprios proprietários, incluindo Lorenço Guanella, pai de Pe. Luís), com cerca 400 habitantes, com Igreja própria". Durante o verão, a população aumentava um pouco com a presença dos venaristas; alguns deles eram hóspedes da família Guanella.

Aos 19 dias do mês de dezembro de 1842, à noite, em Fraciscio, nasceu Luís. Na manhã seguinte – não obstante o gelo e a neve que cobriam as casas dos montanheses –, recebeu o Batismo.

A família Guanella

Era uma família que se destacava, até pelo número expressivo de filhos. Algo bastante em voga quando os bons cristãos não olvidavam o convite do Criador: "Crescei e multiplicai-vos". Ao todo, doze filhos, sem esquecer o décimo terceiro, Antonio, falecido em tenra idade. A sua família "é proprietária de casa e bens em Fracíscio. O chefe da casa – Lorenzo Guanella – é um montanhês de boa aparência, firmeza de caráter à semelhança das rochas do monte Calcagnolo". Muito estimado, exerceu em Campodolcino o mandato de prefeito durante vinte e quatro anos. Era austero e decidido. A sua palavra sempre era a última. Um pequeno episódio nos proporciona a dimensão de sua estrita honestidade. Visto ser reservado ao filho Luís cuidar das vacas nas montanhas – no inverno elas permaneciam fechadas nas estrebarias –, outros montanheses lhe solicitavam também cuidar de seus animais. Certo dia, para recompensá-lo, deram-lhe alguns centavos. Ao tomar conhecimento do fato, o pai não deixou por menos e mandou restituir as moedinhas.

Custou-lhe muitíssimo privar-se daqueles centavos honestamente adquiridos. Pode-se entendê-lo à luz de um outro episódio. Por ocasião da Festa de São João Batista, patrono da paróquia, o cunhado de Luís, Guglielmo Sterlocchi o presenteou com um saquinho de balas. Antes de ingressar na igreja, ele as escondeu em meio a um monte de lenha. Estava convicto de que ninguém se depararia com o esconderijo. De nenhum modo queria partilhar as balas. Mas, quando estava para depositá-las, ouviu uma voz suplicante às suas costas. Virou-se e viu um velhinho que lhe estendia a mão implorando: "Dê-me umas destas balas a mim também". Luís "se apavorou e fingiu estar escondendo as balas. E quando se voltou o velhinho desaparecera...".

O menino não relatou a ninguém esse fato misterioso, mas se questionava ininterruptamente: visão ou ilusão? Ao falar com o confessor, alguns anos após, prorrompeu num pranto copioso, consciente de ter pecado contra a caridade ao negar uma das balas ao pobre velhinho. Alguém – trata-se do próprio Pe. Guanella – intuiu naquele episódio e naquelas lágrimas de arrependimento um presságio da missão deste sacerdote, qual profeta bíblico que trabalhou e se doou em prol dos empobrecidos a lhe solicitar bem mais que um pacote de balas.

Quando da possibilidade de realizar uma obra de caridade, muitas vezes a realizamos com a mesma frieza fastidiosa com que se espanta um inseto que pousou em nossa roupa. Exercer a caridade deste modo não é um ato de amor, mas semiegoísmo: é o mesmo que afastar uma pessoa inoportuna achegando-se a nós.

A lição das balas – porquanto possa constar dos sonhos de uma criança, criada numa família sadia e de genuína religiosidade –, deixou o seu sinal. Analisando os sonhos de Guanella, Pe. Mário Carrera assim se expressa em *Don Guanella profeta della carità*:[1] "[...] ali se encontram as características de *iniciação*, *transformação* e *revelação*, que determinaram a sua existência humana, assinalada pela inspiração divina em tornar-se, segundo os seus desígnios, profeta da caridade a serviço dos mais pobres".

Luís cresceu sereno e robusto em meio ao ar saudável das montanhas. E chegou o tempo de fazer suas escolhas mirando o futuro. Seu desejo: conhecer e aprender, mesmo sem querer imitar o estudante pobre que se punha a estudar até altas horas à luz do lampião para não gastar com velas. Por mais inacreditável que pareça esta história – no atual momento histórico –, ela vinha sendo utilizada pelos pais, não tanto para eles pouparem, mas sim para motivá-los ao

---

[1] Roma: Città Nuova, 2004.

estudo, recorrendo a todos os meios. Quanto à irmã, Catarina, e Luís sabemos de seu apreço pelas leituras edificantes e instrutivas em vez de fábulas narradas às crianças. "A partir dos sete anos os dois irmãos começaram a ler as histórias dos santos, vendo nos pobres a pessoa do próprio Jesus. Em seguida, dirigiam-se ao prado, logo acima da casa. Ali havia uma grande pedra...".

Catarina era a irmã preferida; tinham praticamente a mesma idade (diferença de um ano) e os mesmos sentimentos. Ela esteve a seu lado quando exerceu o ministério sacerdotal em Savogno. Luís a estimava muitíssimo, a tal ponto de querer, após sua morte, encaminhar a causa de sua beatificação. Recordava-a deste modo: "Catarina se sobressaía por extraordinária virtude. Possuía esplêndida voz, que ressoava na igreja. Era solista e ensinava ao grupo". Uma carência, talvez, tenha sido a falta de afeto do pai. É que ele, após ter cinco filhas, queria ter outro filho homem. O terceiro filho foi Luís, um ano após. Por trás de tudo isso havia certo interesse. Numa cultura centralizada na agricultura, um filho a mais na família significava valiosa ajuda no trabalho campestre. Disso se deduz, não restavam dúvidas, que papai Lorenzo continuou desiludido, pois o próprio Luís bem cedo deixou a casa paterna. O olhar visualiza o parente sacerdote e também o irmão mais velho, seminarista. Nessa direção ele projetava o seu futuro.

A vocação

Por falar em vocação à vida religiosa, repete-se, em termos, o que acontece atualmente nos lugares mais pobres. Transforma-se numa oportunidade para completar os estudos após o ensino fundamental. Com frequência ingressava-se no seminário ou num instituto religioso até concluir o ensino médio. Depois disso bem outro era o rumo.

Ao perceber as qualidades e as aspirações de Luís, Pe. Gaudêncio Bianchi ficou muito feliz em apoiá-lo na sua vocação. Talvez nos surpreenda, ou seja, difícil acreditar que também naquela época eram raras as vocações. O assim denominado "ano dos prodígios" (1848) impelira muitos jovens a se encantar com os ideais cívicos: amor à pátria. De fato, ao longo de dez anos, muitos e muitos jovens ingressariam nas fileiras dos voluntários de Garibaldi. Idem com muitos jovens do seminário de Como. Mesmo que no início quisessem ser sacerdotes, eles deixaram tudo para unir-se ao exército de Garibaldi. Como de costume, alojou-se no local mais adequado: o próprio seminário de Como, considerado ponto estratégico para combater os austríacos. Mas não teve êxito e, mesmo a contragosto, foi forçado a dizer: *obedeço.*

No seminário – com exceção do copo de vinho –, Luís teve alimento, iluminação e outros privilégios, inclusive o companheirismo dos colegas. O caminho se abrira. As dificuldades enumeradas pelo pai em seguir o exemplo de seu irmão Lorenzo não mais obstruíam o caminho. A bem da verdade, eram muitas as necessidades de uma família numerosa como a sua: ao todo doze filhos a serem criados. Disso se deduz e torna-se bem compreensível a atitude do pai em não querer sobrecarregar-se com mais essas despesas de Luís. Para ele era suficiente um padre – no caso, Lorenzo –, já no seminário, a caminho do sacerdócio. Apesar disso, supera-se o problema financeiro graças à ajuda do Pe. Gaudêncio. Ele abraça o futuro de Luís. A Providência fez o resto...

"Chegara o verão. Certo dia, banhado em suor, Luís descia pelo vale do Calcagnolo carregando um cesto de estrume." Ele próprio relata: "O pai, sem a costumeira severidade, lhe diz: 'Prepara-te para estudar, pois Pe. Bianchi [irmão da mãe de Luís] conseguiu uma vaga gratuita no Colégio Gallio'".

Os familiares exultaram e disseram: "Então quer dizer que tu também serás sacerdote?". E papai Lorenzo teve de privar-se de outro filho longamente esperado. A Providência encaminhava Luís rumo a um porvir repleto de surpresas. A inesperada ajuda, além disso, possibilitou a aquisição do enxoval, da graxa de sapatos, da escova de dentes etc., um luxo para os camponeses de então. Tudo em duas malas, carregadas por Luís e seu irmão Lorenzo, que retornava ao seminário, em Como, após as férias durante as quais auxiliara a paróquia. A partir de então se inicia o aprendizado de Luís no seminário de Como.

Luís deixava os montes atrás de si, e o primeiro impacto com a vida do colégio de nenhum modo o alegra. A travessia do lago de Como, em dia de águas revoltas, foi o prelúdio de uma saudade não prevista. Por isso mesmo se consegue facilmente intuir quais os pensamentos aglomeravam-se em sua mente. Pela primeira vez afastava-se do aconchego do lar, como o barco distanciando-se da margem.

Com isso aflora espontâneo o seu estado de ânimo confrontado com o de Lúcia, numa célebre página do romance *I promessi sposi* [*Os noivos*, de Alessandro Manzoni]. O cenário era o mesmo: "Adeus, montes e fontes de água, que vos elevais ao céu; cimos sem igual conhecidos por aqueles que cresceram em vosso meio, e gravados na mente como o rosto de seus familiares; torrentes das quais se conhece o borbulhar tal e qual o ecoar das vozes domésticas...".

O linguajar de Guanella não se assemelha ao de Alessandro Manzoni nem mesmo com o ocorrido a Lúcia, obrigada a fugir por causa dos capangas de Rodrigo. É verdade que ninguém perseguia Luís, mas as águas revoltas do lago não permitiam, deveras, uma navegação tranquila. Lorenzo percebeu no olhar do irmão o drama da separação da família, bem mais penetrante que o enfurecer da tempestade. Para distraí-lo, perguntou-lhe: "Estás com medo?". Luís retrucou: "Se não estás apavorado, eu também não estou". E ficou nisso.

E o que dizer do primeiro despertar após uma noite num dormitório do colégio. A resposta é imediata, qual um clarão: "Levantar-se na primeira manhã é algo horrível". É óbvio que o colégio nada tinha de detestável. Mesmo assim, não obstante o ingresso ser por livre opção, tantas coisas não lhe agradaram: "Que peso para um *montanhês* a disciplina do sino, os gritos dos superiores e dos assistentes, o mais das vezes ameaçadores! E o castigo vinha de imediato: sem vinho nas refeições...". Cada negligência, por menor que fosse, era transmitida aos superiores pelos assistentes, pelos seminaristas mais idosos para assistir os alunos no início do curso ginasial.

No tocante à disciplina – "mais voltada para o temor do que ao amor" –, Pe. Guanella cancelaria qualquer vestígio graças ao método assimilado na escola de Dom Bosco. Contudo, teve de adaptar-se a uma vida tão diversa da que imaginara. Mesmo sendo o Colégio Gallio "conservatório sacro e lugar de bênçãos", ele se sentia como um pássaro preso na gaiola.

Esse colégio pode orgulhar-se de ter plasmado dentre "seus muros sagrados" um santo da envergadura de Pe. Guanella. É justo, portanto, o destaque dado ao seu fundador. Tolomeo Gallio nasceu em 1526 na localidade de Cernobbio. Ao perceber suas qualidades intelectuais, o Cardeal Giovanni Médici o contratou para ser seu secretário. Eleito papa com o nome de Pio IV, Giovanni Médici levou consigo a Roma o jovem secretário. Após a morte do pontífice, o seu sucessor, Gregório XIII, nomeou-o cardeal.

Gallio soube honrar o chapéu cardinalício com atividades altamente benéficas. Nomeado secretário de Estado, usufruiu o seu cargo – por sinal bem remunerado economicamente –, para favorecer a construção de novos colégios em Roma: o Germânico, o Húngaro e o famoso Colégio Romano. E não se esqueceu da diocese onde nascera. Pelo fato de Cernobbio pertencer à Diocese de Como, transformou o seu palácio num colégio para acolher os estudantes pobres.

Luís foi acolhido gratuitamente nesse colégio em 4 de novembro de 1854. Encontrando-se com o bispo de Como, Carlo Romanò,[2] pôde agradecer o inestimável presente. O bispo lhe disse ao despedir-se: "Faça por merecê-lo, meu jovem". Luís não o decepcionou. Louvável o seu empenho.

Os caminhos do coração

Após cinco anos, ao concluir o curso ginasial e vestir a batina, Luís foi nomeado assistente ou prefeito dos jovens estudantes. Uma tarefa não pouco agradável. Mesmo a contragosto teve de aceitar a árdua tarefa de "guardião" dos alunos jovens. Nessa incumbência teve pouco êxito e não contou com o aplauso dos superiores em termos de disciplina. Eles o consideravam de "manga larga". "Naquele tempo havia um sistema demasiadamente rígido em todas as casas de educação", lamentar-se-á Pe. Guanella. Esta rigidez de nenhum modo favorecia o senso de responsabilidade dos

---

[2] Este bispo governou a diocese de 1833 até a sua morte, em Dongo, em 13 de novembro de 1855.

alunos e contrariava o seu temperamento. Por isso deixou escrito sem meios-termos:

> Aquilo que não se obtém com a suavidade raramente se consegue com a força do comando... Quem erra seja reconduzido ao caminho do questionamento com a força da persuasão e não através de castigos. As punições ofendem a dignidade moral e ocasionam sofrimentos físicos em corpos muitas vezes frágeis; além disso, não atingem o objetivo de mover a vontade. A correção deve-se iniciá-la com amor e doçura, ou seja: correção lenta, mas segura.

O coleguismo entre companheiros de seminário conduz, muitas vezes, a amizades duradouras. Foi o que aconteceu com Luís. O seu assistente foi um jovem que sempre constará em seu álbum de ouro dos bem-aventurados. É João Battista Scalabrini, bispo de Piacenza[3] e fundador de uma congregação religiosa missionária. Como bons amigos, apresentaram pedido para trabalhar juntos numa missão distante, antes mesmo de concluírem o curso teológico. Mas o bispo não consentiu. De forma alguma queria privar-se dos dois jovens, grande promessa para sua diocese. E também já havia ocorrido a desistência de alguns clérigos, contagiados pelos ideais da independência após o infeliz desfecho da guerra de 1948, para expulsar dos confins da pátria os austríacos. O bispo foi categórico: que eles considerassem a diocese e pensassem na futura missão. Scalabrini, amigo de futuros santos e bem-aventurados – de Guanella a Dom Bosco, de Madre Cabrini a Dom Orione – tomou a iniciativa de assistir os emigrantes italianos e os pobres. Nessa atividade sempre

---

[3] Nasceu no dia 8 de julho de 1839 em Fino Mornasco, entre Milão e Como, e faleceu no dia 1º de junho de 1905, sendo beatificado no dia 9 de novembro de 1997.

encontrou soluções concretas, inspiradas no Evangelho. Ao velho amigo Pe. Luís Guanella, que lhe solicitava um pedaço de terra para construir a sua Obra, rebateu: "Mas como? Continuas sendo o mesmo revolucionário de outrora?".

Lembranças de uma vida

Luís Guanella nasceu em 19 de dezembro de 1842 em Fraciscio, município de Campodolcino, no vale Spluga. Ao longo de cinquenta anos esse lugarejo mudou de nacionalidade por bem quatro vezes: primeiro a Suíça, depois a República Cisalpina, com Napoleão; em seguida a Áustria e, por último, a Itália em 1859.

Lorenzo Guanella nasceu no dia 2 de abril de 1800. "Um montanhês sempre vestido à espanhola". Desposou Maria Antonietta Bianchi, nascida em 28 de dezembro de 1806. Mulher laboriosa e de "grande ternura", soube inculcar na prole, por sinal numerosa, uma profunda educação moral e espiritual. Dentre os filhos, dois sacerdotes – Lorenzo e Luís – e Catarina, anjo de bondade. Pe. Guanella descreve com estas palavras o perfil da mãe, Maria: "O peso da autoridade paterna era contrabalançado pela mãe, Maria Bianchi. Oriunda de Motta, era um verdadeiro tesouro da Providência, uma mulher vigorosa e afetuosa. Ela criou doze filhos. Não obstante isso, sempre estava à frente, quer na direção da casa, quer no trabalho agrícola".

Após a morte do primogênito, nasceram os demais filhos na seguinte ordem: Maria Úrsula, Tomaso, Maria Rosa, Elisabeth, Margarida, Lorenzo, Rosa, Catarina, *Luís*, Antônio, Gaudêncio e José.

O irmão Lorenzo ingressou no seminário de Como e foi ordenado sacerdote em 1859, sete anos antes de Luís. Não possuía a audácia e a "determinação" de Luís. Bem pelo contrário: considerava "temerários" seus empreendimentos caritativos, como escreve o próprio Luís nos escritos autobiográficos:

Pe. Lorenzo, com a irmã Margarida, sempre temia pelo pior, ou seja, de que, mais adiante, deveria me acolher e sustentar. Mas a Providência dispôs de modo tal que Margarida morresse piamente nos braços de uma Filha de Santa Maria da Providência e que eu, o irmão, tivesse a amável incumbência de assisti-lo, material e espiritualmente, numa de nossas casas.

No Colégio Gallio – graças ao seu empenho nos estudos (mas na matemática não conseguia bons resultados) –, Luís era estimado pelos seus mestres. Também os colegas o tinham em grande apreço devido ao seu altruísmo, ao bom caráter e generosidade com todos. A perseverança vem a ser garantida pela capacidade de trabalhar, confiante, na realização de um projeto e também pela ajuda do seu anjo da guarda como ele próprio relata: "O meu anjo tutelar auxiliou-me para que eu saísse do mesmo modo como entrara, sem tomar conhecimento das humanas misérias, como de fato aconteceu na revolução de 1859, onde se deturparam as mentes e os corações de tantas pessoas". Desse modo, os acontecimentos bélicos não o envolveram de modo algum, à semelhança da torrente Rabbiosa, cujas águas atravessam a sua aldeia sem nenhum dano. Disso faz menção Mário Carrera na biografia do santo Fundador: "[...] ciente ele está de que as vicissitudes, os acontecimentos e as pobrezas ao seu redor têm o devido peso e um significado no itinerário de seu crescimento vocacional. E sabe, outrossim, que o caminho não é linear: há sempre momentos de luz e momentos de escuridão".

Quanto aos anos transcorridos no seminário – onde se mesclava o colegial científico e o clássico, de cunho filosófico tomístico, seguindo-se a teologia –, Luís não tem boas recordações. Currículo e metodologia superados. "No seminário não é fácil ater-se à disciplina e o estudo é bastante pesado." E o que dizer dos colegas ou dos professores? "Na mão de Deus são instrumentos de Deus. *Ubi sunt homines, ibi miseriae.*" Não há como se esquivar: *onde está o homem, aí está a fragilidade humana.* Luís mostra-se compreensivo perante algumas fragilidades: "O Senhor escolhe, dentre os pobres, pessoas para serem seus ministros, e esses eleitos, quais novos Aarão, sem nenhum dinheiro, com pouca roupa, dotados de um estômago que nem sempre conseguem saciar, encontram-se num estado permanente de sofrimento".

Mesmo assim, há, também, aspectos positivos: os afáveis colegas conseguem transformar a recreação em algo agradável, quem sabe com *acentuada* criatividade, principalmente quando se trata de falar em latim durante o recreio e manter-se em dia com a língua de Cícero! Encerrado o breve momento de descontração, o silêncio novamente impera, particularmente nos *exercícios espirituais*, quando *o espírito experimenta intenso gozo.*

A voz do silêncio

O silêncio mais aprazível era o dos montes, a repercutir em seu íntimo. O caráter de Luís era jovial e de boa companhia desde os tempos de seminário. Não era brilhante nos estudos, particularmente na matemática. Mesmo assim, será um bom administrador, bem prático, audaz e criativo, enamorado por seus montes, mas com o olhar voltado à planície, lugar ideal para construir suas Casas.

Contudo, a vitalidade do jovem não chegou a ponto de deixar-se envolver e muito menos arrastar pelos acontecimentos pertinentes à guerra da independência. As notícias chegavam até mesmo no Colégio Gallio, apesar de sua severidade. O legendário herói de dois mundos recorria a todos os meios com o intuito de atrair jovens e mais jovens idealistas a segui-lo. Facilmente eles se deixavam contagiar pelo seu generoso e heroico patriotismo, impelindo-os a lutar pela unificação da Itália.

O nosso jovem preparava-se para enfrentar outras batalhas: aliviar sofrimentos, reparar injustiças e ajudar os pobres. Durante as férias de verão, auxiliava o vigário paroquial de Fraciscio entretendo-se com os jovens. Nessa incumbência intercalava lições escolares e passeios pelos montes. "Generoso e entusiasta, nutre grande estima pela *Palavra de Deus*, bem consciente da necessidade de testemunhá-la aos pobres de Fraciscio. A própria experiência, o conhecimento e o desejo de uma doação plena em favor dos outros são dons a serem oferecidos às pessoas".

Quanto à experiência – mesmo limitada –, Luís a absorvera na família, com todos os irmãos, com quem compartilhava e repartia ônus e trabalhos. E dispunha de um talento especial: conseguia fazer-se ouvir tanto pelas crianças como pelos adultos. Conseguira até mesmo convencer seu pai, prefeito, e a administração municipal a efetuarem o encanamento da água de uma fonte para o consumo doméstico. Antes dessa iniciativa, recorria-se à torrente Rabbiosa. Esse manancial Luís descobrira na encosta de uma montanha circunvizinha, num de seus solitários passeios em meio aos bosques. Luís apreciava contemplar o despontar do sol por sobre os montes, em meio a um grande silêncio. Tal mistério o atraía...

Aquela água gostosa foi de imediato canalizada, como Luís idealizara. É como se diz: *o estilo faz o homem*. E será bem essa a característica peculiar em todas as suas instituições futuras: não se satisfazer apenas em desejar o bem, mas sim em fazê-lo. Mesmo quando custa.

O seu Vale

A extensão do vale é de vinte quilômetros entre Chiavenna e o Spluga. Por ser estreito, há perigos percorrendo-o. A cadeia de montanhas caracteriza-se por picos elevadíssimos, cobertos de neve até a primavera tardia. No degelo, abastece o rio Liro. O *Passo do Spluga* – conhecido de longa data, desde o tempo dos romanos –, une a Itália à Europa central. O município mais importante daquela região alpina é Campodolcino. A altitude é de 1341 metros. Prosseguindo na estrada tortuosa, escavada em meio às rochas, chega-se a Madesimo. Dessa localidade há um caminho que conduz ao distrito de Motta. Ali viveu a mãe de Pe. Guanella até o dia de seu casamento. O vale São Tiago, mesmo pequeno e modesto, não perde em beleza se confrontado com outros vales alpinos. Suas riquezas são apreciadas e elogiadas por todos; o clima é excelente; os bosques e pastagens, exuberantes; as águas de três rios – Rabbiosa, Liro e Febraro – são cristalinas; os cumes Tambó, Ferrè, Suretta, Emet e Stella estão sempre cobertos de neve... Tudo muito familiar ao jovem Luís Guanella, num lindo cenário logo acima de Fraciscio.

II

PADRE DE FRONTEIRA: POR UM MINISTÉRIO PASTORAL *EM NOVO ESTILO*

"Viva o trabalho!
Trabalhamos e rezamos.
A Igreja de Jesus Cristo aqui na terra é militante.
Assemelha-se a uma eira
que precisa do vento para peneirar o trigo...
A imagem que representa a Igreja
é a barca de Pedro no embate das ondas.
Então, como é possível
pertencer à Igreja e não trabalhar?"

Inicia-se no fundo do Vale

Percorrer o caminho do bem tem lá as suas exigências. Cada um de nós o sabe muito bem. Contudo – apesar da exortação *fazei o bem ao maior número possível de pessoas* para encontrar tanta gente a vos alegrar –, com frequência ocorre o contrário. Em 19 de outubro de 1865, Luís Guanella, ao iniciar o quarto ano de Teologia, obteve o benefício teologal da paróquia de Prosto, localizada pouco acima de Chiavenna, como título canônico para receber as Ordens sacras. Nessa localidade ele revelou, de imediato, o seu grande desejo em auxiliar as pessoas. Isso não vem a ser uma novidade, pois já era um hábito seu, tanto no seminário como em Fracisio, durante as férias, junto à família. Sempre havia alguma coisa a fazer: visitar os doentes, auxiliar as pessoas isoladas, fazer surgir do nada, por assim dizer, uma escola para as crianças que não queriam ou não podiam frequentar a escola durante o ano letivo. *Servo por amor e malabarista da Providência* é um livro escrito para as crianças. Nele consta um pequeno capítulo: *Pelos caminhos do infortúnio na vereda traçada pelo bom Samaritano*. Esse texto enquadra, num piscar de olhos, o *desejo do bem* do jovem Luís Guanella em contínuo crescimento ao longo dos anos. Desde a adolescência ele se interessava pela botânica, à imitação dos frades franciscanos, que conseguem das plantas extrair remédios e curar diversas doenças. Luís, portanto, se debruçava por sobre as fendas dos rochedos em busca de tesouros escondidos, ervas raras, a fim de preparar um remédio para o idoso Pinin, atacado de asma e solidão.

A partir do momento em que o bispo lhe impôs as mãos e invocou sobre ele o "sopro" do Espírito Santo, fazer o bem se tornou imperativo constante, a ponto de exclamar: "Viva a labuta!". Luís não se interessa em viver uma vida tranquila. Empenha-se como se estivesse numa batalha: "À guerra! Ao combate! Com certeza parecerá estranho anunciar-vos uma programação bélica...". Obviamente, guerra não apenas à desordem moral, mas também à pobreza e às injustiças cometidas às pessoas frágeis. Estava em andamento a terceira guerra da independência para a libertação do Vêneto. Os fiéis de Prosto – a paróquia onde iniciou o seu ministério sacerdotal – e de Savogno logo perceberam que o jovem sacerdote seguia o exemplo de Cristo; antes de ensinar ele batalhara muitíssimo, pagando, a cada dia, o seu preço, como consta na Palavra de Deus: *primeiro ensinou com obras* ("[...] *coepit facere ed docere* [...]" – At 1,1).

Em 26 de maio de 1866, foi ordenado sacerdote por Mons. Bernardino Frascolla, que, exilado no palácio episcopal em Como, se encontrava em liberdade vigiada após a humilhação do cárcere em Bolonha e Milão. O rito não contou com a costumeira solenidade e por razões diversas ele se realizou na capela privada do bispo. Após o falecimento do bispo titular, Dom Marzorati – ocorrido em 25 de março de 1865 –, a sede episcopal ficou vacante durante seis anos até o dia 27 de outubro de 1871. Foi então que o Papa Pio IX conseguiu nomear Pietro Carsana, cura da catedral de Bérgamo. Contudo, por causa do impasse entre a Santa Sé e o governo italiano quanto à nomeação dos bispos (lei conhecida como *exequatur*, que impunha restrições à liberdade de escolha dos candidatos ao episcopado), o novo bispo não pôde residir na sede episcopal, mas apenas no seminário teológico. Isso até 1876. Privado de qualquer ajuda financeira (*rendita della mensa*) teve de se satisfazer com a caridade dos fiéis.

Foi um período de tensão. A partir do Renascimento, o impasse perdurou na Itália unificada, vindo a causar muitos dissabores e mal-entendidos entre os católicos. Tudo iniciou quando Pio IX se viu forçado a chamar de volta as suas tropas, prestes a unir-se às forças do Piemonte e da Lombardia ao deflagrar a primeira guerra da independência, em 1849. Foi neste contexto histórico-cultural, de profundas mudanças sociais, que a formação do jovem Guanella recebeu o seu batismo de fogo na fidelidade à Igreja.

Em 1866, houve tumultos em Como por causa da difícil situação social e econômica e da *Questão Romana*, a caminho de seu doloroso epílogo. Mas foi, outrossim, um acontecimento que o fez "saltitar de alegria e de gratidão naquela santíssima e gloriosa jornada". O próprio Guanella o destaca: o novo sacerdote chegava à primeira meta de sua vida, repleto de entusiasmo diante de seu futuro.

A ordenação de Pe. Luís e do diminuto grupo de candidatos ao sacerdócio (dez ao todo, após a desistência de alguns colegas que desertaram do seminário para agregar--se aos voluntários de Garibaldi na brigada Caçadores dos Alpes) ocorreu, portanto, num momento de profunda crise nas relações entre a Igreja e o Estado italiano.

Um mês e meio após a ordenação sacerdotal, o Parlamento italiano sancionava a lei que abolia as congregações religiosas com o *slogan* "Todos para casa" e reclamava os imóveis de diversas congregações. Frades, sacerdotes e irmãs foram obrigados a abandonar os conventos e retornar às suas localidades de origem como um leigo qualquer, privados, portanto, de organizar uma associação, um direito de todo cidadão.

Corajoso, Pe. Guanella foi à luta para defender o *direito à liberdade de fazer o bem*, tal e qual o Estado permitia a todos os cidadãos. "Todos dispõem de liberdade para se organizar", escreveu o capelão de Prosto, à frente dos dissidentes, "mas não há liberdade para os que afastam os castigos dos povos com suas orações".

A liberdade que Pe. Guanella exigia em voz alta para as almas sublimes que invocam a bênção celeste com a sua vida inocente não tardará a ser negada a ele, em pessoa. Talvez suscite estupor o fato de o próprio bispo truncar-lhe a missão. Em vez da compreensão, num momento difícil, as ásperas palavras do prelado: "Se pudesse, de bom grado eu o suspenderia do ministério sacerdotal!".

De Prosto a Savogno

Como definir esta transferência? Seria o mesmo que dizer: do vale à montanha subindo sempre mais. Situação nova, pessoas novas, usos e costumes novos. Perspectivas pastorais novas. Será bem isso?

Quem lhe comunicou o novo destino foi um tal de Succetti. Ele foi ter com Pe. Guanella e lhe disse: "Fiquei sabendo que o senhor foi designado para a comunidade de Savogno. Ontem nasceu o meu filho e ficarei muito feliz se for batizá-lo amanhã".

Foi bem assim o primeiro dia de Pe. Guanella em sua nova sede. Seus pertences contidos numa única mala. Por falta de tempo não conseguira nem mesmo despedir-se de seu pároco, que, avançado em anos, costumava dormir duas horas após o almoço. Assim, pondo-se a caminho, enveredou pela longa e tortuosa trilha rumo a Savogno, uma aprazível aldeia após superar dois mil degraus, como salientava o Bispo Andrea Ferrari.

Pe. Lorenzo Sterlocchi, parente dos Guanella, assim descreve o ambiente:

Savogno se localiza a mil metros de altitude, bem na metade do cume de um monte. Para chegar até lá, quem parte de Chiavenna segue a estrada até Engadina. Após percorrer cinco quilômetros, abandona-se essa estrada para enveredar por uma trilha à esquerda, e passando por entre prados chega-se ao sopé da montanha. Ali se localiza a célebre cascata de água Fraggia e se inicia um íngreme aclive, exigindo grande esforço para chegar ao destino. No início se passa em meio a vinhedos e bosques de castanhas; finalmente, após dois quilômetros de subida, aproximadamente, chega-se a Savogno, banhado em suor. A aldeia conta com quatrocentos habitantes; encontra-se localizada numa ribanceira em meio a gigantescas castanheiras. Os habitantes são fortes e robustos, o que é característico de todos os montanheses. Mas vivem na pobreza. A terra não produz o suficiente para o alimento e o vestuário. Todavia, vivem felizes...

O segredo? Quem o revelou ao jovem pároco foi o próprio bispo: "Circundem Savogno com muros e tereis um mosteiro".

Falando de mosteiro, também outras pessoas citaram Savogno. Mas foi num contexto inverso, para dizer das realizações e iniciativas do novo pároco, Pe. Guanella. Mesmo confinado no cimo de uma montanha, ele não deixava passar em branco as ocasiões para advertir aqueles pobres montanheses sobre seus direitos. Ao publicar o opúsculo *Saggio di ammonimenti familiari per tutti ma più particolarmente per il popolo di campagna* – o primeiro de uma série de escritos –, Pe. Guanella teve problemas por causa do título. Mesmo inofensivo, à primeira vista, tudo se complicou em vista do seu posicionamento em campo político e social. Resultado: "[...] vinte anos de contínuas adversidades, seja da parte das autoridades civis, seja da parte das autoridades eclesiásticas".

Não demorou muito para as pessoas terem um conceito positivo a respeito de Pe. Luís. "Em Savogno, pôs-se a trabalhar como servente e pintor; e até mesmo como pedreiro em algumas ocasiões. Colaborou na ampliação da igreja e auxiliou a levantar os muros para manter a praça em frente ao templo".

"Aonde quer chegar este padre estranho que tudo abraça?", indagava-se o prefeito, impaciente em ouvir o que se dizia do novo pároco. Mas Pe. Luís não se intimidava e replicava: "O que estou fazendo de errado? Por que me atormentar se faço o bem à Igreja e às pessoas?".

Para completar a obra, não deixou por menos e tomou a iniciativa para construir o cemitério. *Pe. Guanella tinha pressa*. Convidou algumas pessoas de confiança para acompanhá-lo, conduzindo-as a um determinado lugar, no alto. Ao chegar, disse-lhes: "Movam estes rochedos e descerá o material suficiente para construir o cemitério". Assim, em poucos dias, os paroquianos se depararam com uma digna morada para os seus mortos.

A bem da verdade, houve alguns contratempos com o proprietário do terreno contíguo, por causa de algumas nogueiras atingidas. O mesmo ocorreu com o engenheiro responsável. "O senhor pároco alterou o meu projeto e quis agir por conta própria, mudando o lugar e a planta." Todavia, ao término da obra, se desculpou e disse que todos se alegraram com o resultado obtido.

Nem sempre a gata apressada dá à luz gatinhos cegos. Pe. Luís desmente, assim, o provérbio: com o sistema do *corre-corre* ele construiu em Savogno diversos locais: escola, cobertura do lavatório, diversas capelas para as procissões das Rogações, chegando, até mesmo, "ao cume que dá acesso aos Grisões para ali construir uma capela votiva e de reparação".

Desse modo, justifica-se a conclusão perpassada com um pouco de orgulho: "Este, no espaço de sete anos, enriquecido com a maior pobreza de seus paroquianos, mas indômito em seus projetos [...] Ele não tomava conhecimento das dificuldades". Isso acontece tão somente quando se confia na Divina Providência e não se conta apenas com as próprias forças.

Em razão de seus escritos, Pe. Guanella defrontou-se com muitos contratempos e incômodos, a partir daqueles *Ammonimenti* em que teve a ocasião de salientar algumas verdades incômodas: "Não me calei nem na igreja nem fora dela". Daqui as ameaças e o ser vigiado pelas autoridades. Os amigos se comunicavam com ele e lhe diziam: "Por que não te refugias na Suíça, tão próxima daqui?". "O quê? Fazer o papel de um refugiado político? Nem por sonho!" Pe. Luís não gostava "nem de vias oblíquas, nem de timidez".

Nas páginas do jornal de Chiavenna – *Il Libero Alpigiano* – um ex-seminarista acusava Pe. Guanella de invadir um território contíguo à sacristia. Diante da acusação, um sacerdote fez calar o jornal com estas palavras: "Tu que completaste os estudos graças à ajuda dos padres e que agora deverias ser um deles no ministério santo, não te envergonhas de perseguir um padre que não tem outra coisa em vista a não ser realizar o bem?". A outro sacerdote, Callisto Grandi, de Chiavenna, se atribui o primeiro projeto do "Mutuo Soccorso in Italia". Pe. Luís, como sempre, aderiu prontamente com a costumeira audácia. Mas o projeto não se concretizou. Consideram-no demasiadamente ousado.

As Admoestações

O texto – portador de muitos contratempos ao autor – obteve elogios de *La Civiltà Cattolica*: "É um bom livro, escrito com o intuito de preservar os camponeses de insídias sectárias ao emigrar para a América, em busca de fortuna, e fortalecê-los na vida cristã". Num estilo clássico, Pe. Guanella dedicou o livro ao Bispo Dom Pietro Carsana, "adorno de virtudes dos Felici e dos Abbondi". Eles são os dois primeiros santos da Igreja em Como. Num primeiro momento, a dedicatória agradou ao prelado; mas depois foi menosprezada em seu coração, por causa de excessivos desgostos. Outro pretexto: o fato de Guanella querer encher a Valtellina de padres e freiras. Sempre em consonância com essa ótica, as críticas dos colegas sacerdotes. Na opinião deles, o livro impedira até mesmo a nomeação de Dom Nicora para a sede episcopal de Como. Em 1889, opondo-se a Guanella, a polícia recorreu à Lei Crispi, usada em caso de *pessoas suspeitas*, e assim incluiu-o no rol dos vigiados especiais. E o dedicadíssimo capelão – talvez por excessivo destemor –, entrara em campo com a funda de Davi para enfrentar o gigante. Para esta luta convidou quem quer fosse, como se lê no prefácio, mas em particular os camponeses, para se prevenirem e se defenderem contra os ardis dos sectários maçônicos, unidos aos liberais, procurando arruinar primeiramente a alma e depois o corpo de cada pessoa reta.

Pe. Guanella não minimizava a polêmica com oportunos requintes da linguagem. Eis os

> que tanto prejudicam a santíssima religião: Martinho Lutero e Giuseppe Garibaldi. Eles conseguiram numerosos seguidores e adoradores a tal ponto que, dentre tantos admiradores, não faltasse quem oferecesse, em Aspromonte, vinte e cinco mil liras para adquirir, como relíquia, a capa daquele salvador, ferido em combate...

Extenso o elenco dos carbonários. Mas o crime de lesa-majestade contra o herói dos dois mundos acarretará ao nosso santo vários anos de ostracismo. E o próprio bispo esmerou-se em viabilizar sua ida a Turim, na expectativa de que lhe fosse agradável respirar outros ares. Com certeza, junto aos jovens de Dom Bosco lhe passaria a vontade de envolver-se com os políticos. Com certeza, combateria os vícios capitais, particularmente os que mais facilmente se alojam no coração dos jovens.

Consta nos *Escritos de moral e catequéticos*, de Luís Guanella:[1]

A impressão dos católicos italianos a respeito dos eventos de 1870 repercute na primeira publicação de Luís Guanella (janeiro de 1872). Caracterizam-se os títulos por um acentuado teor apologético intercalado com momentos de intensa polêmica *versus* a mentalidade maçônica das classes dominantes, sempre com este único objetivo: afastar o povo da fé.

Quanto aos carbonários, o conceito de Pe. Guanella não é dos melhores: "[...] eles chegam a estremecer de raiva e vieram à Itália[2] com o intuito de perseguir seus habitantes". Prosseguindo, ele implica com o infortunado Ugo Foscolo, coligado com o revolucionário Championnet:

O que vos apraz é usurpar o pensamento, preceitos universais e antiquíssimos, das pessoas de que tendes necessidade. Respeitais a religião e difamais os seus ministros pagando-os. Estes, à semelhança de todos os mortais, preferem o culto do interesse às demais divindades...

---

[1] GUANELLA, L. *Scritti morali e catechistici.* Roma: Centro Studi Guanelliani/ Nuove Frontiere, 1999.

[2] Aqui se subentende a França revolucionária.

III

PRINCIPIANTE NA ESCOLA DE DOM BOSCO

"Deve-se tratar o corpo assim como se trata o burro.
É preciso castigá-lo com alguma mortificação
para que ele não nos engane.
O estímulo da concupiscência não nos abandona
por um instante sequer.
Atormenta continuamente.
É forte a inclinação à soberba.
Mas o que seria de vós sem este aguilhão?
Não acreditais que o Senhor tem em vista elevados
objetivos ao permitir em nós tantas fragilidades?"

As inquietações de um jovem sacerdote

A acusação de uma "atividade excessiva e intensa" da parte de Pe. Guanella pode ser considerada elogio ou recriminação. A inscrição apareceu num muro, desconhecido o seu autor. Era uma acusação recriminando-o em querer encher a Valtellina de padres e freiras! E o que dizer de tantos predicados a ele atribuídos, tais como: obstinado, teimoso, maníaco e de ideias fixas? Mas nada como o tempo! Ele próprio se encarregará de fazer justiça. Assim, os vocábulos se transformarão em perseverança, coragem, perspicácia e autêntico amor a Deus e aos pobres.

Infinitos os caminhos da Providência! Através dessas vias ela impele homens inquietos a encontrar o verdadeiro caminho. Foi o que aconteceu com Pe. Luís Guanella, imbuído do desejo de fazer o bem.

A suposta revolução que ele realizava num lugarejo em meio às montanhas ("aonde será que este padre quer chegar?", murmurava-se em diversos lugares) não era nada mais, nada menos do que a rejeição de uma vida tranquila. Por isso ele contra-argumentava: "Que mal existe em ajudar o próximo?". Foi essa a resposta dada ao prefeito pela acusação de cometer irregularidades ao construir uma escola por conta própria. Mas não havia nenhuma irregularidade, pois ele tinha em mãos o diploma de professor. O prefeito fez de tudo para substituí-lo por uma professora, mas não conseguiu. Irredutíveis as famílias ao dizer: "Por qual motivo substituir por pessoa desconhecida um educador de jovens como Pe. Guanella, que tem o desejo de imitar Dom Bosco?".

Em Turim

Para a formação da juventude, Pe. Luís solicitara o auxílio de Dom Bosco.[1] Pe. Luís chegou a conhecê-lo pessoalmen-

---

[1] Dom João Bosco (1815-1888), o sorridente apóstolo da juventude, faz parte do grupo seleto de santos do Piemonte. Eles viveram no século XIX juntamente com Giuseppe Benedetto Cottolengo (1786-1842), fundador da Pequena Casa da Divina Providência; Giuseppe Cafasso (1811-1860), cognominado, pelos habitantes de Turim, o "padre da forca", por assistir os condenados à morte; Leonardo Murialdo (1828-1890), colaborador de Dom Bosco na direção do colégio dos Aprendizes, pioneiro da educação especializada dos jovens trabalhadores com a criação da primeira Casa-Família na Itália.

te ao visitar sua instituição, em Turim, para imprimir seu primeiro livro. E lhe fez um convite: "Dom Bosco, venha a Como!". E apertou-lhe a mão com força. Dom Bosco retrucou: "Venha o senhor a Turim!".

Em 8 de agosto de 1873, Pe. Guanella teve a grata surpresa de receber uma carta de Dom Bosco, na qual se dispunha a abrir um colégio em Chiavenna, ou nas imediações. Como o convite partira dele, determinou que se empenhasse em descobrir o lugar adequado. Pe. Guanella esmerou-se e não mediu esforços para conseguir o terreno. Mas, por causa das dificuldades burocráticas, insuperáveis, o projeto não vingou. Como bem se sabe, Deus reservara outros planos a esses dois sacerdotes, um dia irmanados.

A impossibilidade de construir uma obra de Dom Bosco na Diocese de Como fez com que Pe. Guanella solicitasse ao bispo um período de afastamento, por três anos, com o objetivo de uma experiência em Turim, junto a Dom Bosco. A notícia se espalhou rapidamente, mesmo sem os modernos meios de comunicação. E não demorou muito que chegasse da cúria de Turim a comunicação de ser uma presença não grata a de Pe. Guanella em tal diocese, visto ser uma pessoa problemática. Fora suficiente a dedicatória, na primeira página dos *Ammonimenti,* para o bispo de Como, Carsana, mantê-lo distante da Diocese de Turim. Portanto, nada a fazer, comunicou-lhe o vigário-geral de Como. "Esqueça a ideia de deixar os seus fiéis, pois foi revogada a permissão já concedida".

Em 4 de dezembro de 1874, Pe. Guanella escreveu novamente a Dom Bosco: "Recomendo-me à sua pessoa e confio no Senhor que dissipe esta tempestiva escuridão...". Quem se encarregou de afastá-la foi o próprio Dom Bosco. No mesmo mês lhe escreveu de Nizza: "O seu lugar está preparado. Pode vir quando quiser. Quando chegar a Turim, determinaremos quanto ao lugar e à casa mais adequada". Os projetos do fundador do Oratório eram de grande abrangência: não se reduziam a uma região da Itália.

Pe. Guanella, após encaminhar quem o substituísse na paróquia – quem pensou nisso foi o próprio Dom Bosco, enviando Pe. Miguel Sala –, deixou Savogno e, assim, ao entardecer do dia 29 de janeiro de 1875, ele conseguiu beijar a mão de Dom Bosco, que se limitou a dizer-lhe: "Vamos à América?".

A América podia esperar, mesmo que Dom Bosco não perdesse tempo e o encarregasse de entrar em contato com a Argentina. No aguardo de uma decisão, confiaram a Pe. Guanella encargos de ordinária administração: pregações no mês mariano nas paróquias de Alassio e ensinar o catecismo no oratório salesiano. Depois foi nomeado diretor do Oratório São Luís, frequentado por setecentos jovens. "Aqui" – é Pe. Guanella quem fala – "confiaram à sua paciência jovens adultos de caráter excêntrico, difíceis de satisfazer". Positivo o resultado, tanto assim que, após um ano, foi nomeado diretor do novo colégio de Trinità di Mondovì. O bispo da localidade não demorou a perceber as qualidades do sacerdote colocado à sua disposição.

E novas experiências se sucedem. "Viajando com Dom Bosco na visita a numerosas instituições" – é sempre Pe. Guanella quem relata –

o assunto, em certa ocasião, recaiu sobre as vocações eclesiásticas, muito aquém das reais necessidades. "Recorra às vocações adultas", sugeriu-lhe Pe. Guanella. Provavelmente foi esse conselho que levou Dom Bosco a constituir a obra das Filhas de Maria Auxiliadora, destinada a vocações de adultos, das quais Pe. Guanella foi o primeiro diretor.

Urgente o recrutamento de candidatos ao sacerdócio e à vida religiosa. Com a unificação da Itália, concluída em 1870, exigia-se que também os clérigos servissem o exército e muitos deles se perdiam quando do retorno ao seminário. A vida no quartel não é lugar de virtudes. Desse modo, é melhor recrutar os adultos. Eis a sugestão de Pe. Guanella, dada até mesmo ao bispo de Como, que solicitava seu retorno à diocese.

O Piemonte parecia ser o lugar mais adequado a uma pessoa tal e qual Pe. Guanella. Ali ele dispunha "do exemplo de tantas virtudes e a direção espiritual de Dom Bosco, a todos beneficiando". A melhor coisa, portanto, era permanecer ali para escutar "a palavra ponderada e precisa" de tantos mestres. Mas o triênio estava para se encerrar e de Como chegou o apelo veemente do bispo exigindo seu retorno à diocese. Assim, ele não teve alternativa a não ser essa: *obedeço*. "Deixei Turim como um cão enxotado da Igreja... E agora, o que fará este cão miserável?"

Em Como, a acolhida não foi das melhores. "Quem é essa pessoa", não se cansava de repetir o pároco de San Donnino, dirigindo-se a um coirmão que lhe falava do retorno de Pe. Guanella. "Aqui uma coisa é certa: ou é um santo, ou é um louco; mas você afirma que não tem sinais de santidade. Então é um louco!". O coirmão se mostrava mais benévolo: "Meio louco".

Voltando de Turim a Savogno, onde o seu substituto pedira ao bispo para ser substituído, apresentou-se a Pe. Guanella uma alternativa: trabalhar em Traona. Duas as razões: a primeira porque Pe. Sala mudara de opinião e a segunda porque o pároco de Traona, atingido por uma paralisia, precisava e pedia ajuda. E existe ainda uma terceira razão: a do bispo.

"Lá em cima, como bem sabeis", anotava o secretário, "tendes casas e conventos fora de uso para iniciar as fundações das quais ouço falar e que fixais em vossa mente. Mas cuidado! Que não sejam fantasias de um cérebro aquecido e ilusões funestas. Experimentai, e que Deus vos abençoe."

Também os bispos podem perder a paciência. Mas Pe. Guanella, otimista como sempre, interiorizou aquelas palavras como um auspício "de finalmente ter a Providência no bolso".

IV

EM TRAONA, COM "A PROVIDÊNCIA NO BOLSO", OU QUASE

"A Providência, deve-se merecê-la deste modo:
crer nela firmemente, saber esperar o momento exato
e o modo como ela se manifesta,
afastando a ansiedade, e trabalhar com boa vontade."

Crer, esperar

No entanto, a labuta. Eis o que aguardava Pe. Guanella em sua nova destinação. Ninguém em Traona, na baixa Valtellina, o aguardava de braços abertos, nem mesmo o pároco. Isso ele pôde constatar já na chegada. Mesmo assim parecia tratar-se de um lugar bem adequado a uma pessoa de seu feitio: uma paróquia na qual o pároco – atingido por uma grave paralisia – lhe deixaria amplo espaço em âmbito pastoral e social.

Bem pouco durou a ilusão. Ele próprio o relata em suas memórias e no livro publicado em Traona (1881), onde o próprio título elimina qualquer dúvida: *Vamos ao monte da felicidade: convite a seguir Jesus no monte das bem-aventuranças.*

Em dez breves capítulos, ele condensa suas reflexões com base nas bem-aventuranças evangélicas, partindo da primeira, "felizes os pobres no espírito". Sim, essa era a mais adequada à nova situação, beirando o desânimo. Ponho-me a citar suas palavras recorrendo à primeira pessoa:

> Em Traona encontrei todas as dificuldades, por sinal muito intensas, a ponto de desencorajar muitos corações de boa vontade. Contudo, jamais desesperei, mesmo com a oposição do pároco. De vez em quando ele apresentava melhoras na saúde. Era quando utilizava as energias recuperadas para ir à Prefeitura de Sondrio e depor em meu desfavor, considerando-me adversário e rebelde.

Antigas histórias de ciúmes repetindo-se em todos os tempos. E não é de admirar um pároco não ver com bons olhos o seu auxiliar

> atrair – seja em dias de semana, seja aos domingos – numerosos jovens para a catequese, abrindo em sua casa uma escola que funciona todos os dias, de manhã, à tarde e à noite, até mesmo nos finais de semana.

Desse acirrado antagonismo também se aproveitaram as autoridades municipais para barrar quem há pouco chegara. Pe. Luís Guanella vinha sendo seguido em toda parte, até mesmo quando convidado para uma pregação, como aconteceu em Morbegno, onde se deparou com dois policiais (*carabinieri*) postados diante do púlpito. Os policiais eram assíduos ouvintes, convidados pelos órgãos de segurança "para apanhar em flagrante e condenar o adverso sacerdote", vindo de Turim com seus "projetos obscurantistas, assimilados na escola de Dom Bosco, e querendo encher a província de frades e freiras abomináveis".

Mas um dia tudo mudou. Já avançado em anos, o pároco achou por bem deixar a paróquia e retornar à sua aldeia. Pe. Guanella assumiu em seu lugar sem a nomeação de pároco. Quanto às autoridades, nenhum apreço. Eles queriam, pela fome, minar a sua resistência.

Para conseguir a bagatela de treze liras – ou melhor, doze liras e trinta e três centavos, mais as quarenta liras atrasadas pelo serviço prestado de 1878 a 1881, aprovado por decreto após Pe. Luís ter recorrido à Justiça –, teve de se desdobrar muito. Bem como diz o provérbio: teve que suar sete camisas e sentir na própria pele essa realidade: "Como é salgado... o descer e o subir pela escada do outro!".

Na Prefeitura, nenhuma consideração: "Não cabe a nós. Aquele padre já viu a cor do dinheiro, pois continua imprimindo livros para a 'propaganda clerical'...".

Após a publicação dos contestados *Ammonimenti,* nos anos 1880-1881, Pe. Luís encaminhara dois outros livros a serem publicados. Objetivo: convidar a sua gente a refletir sobre as verdades basilares contidas na doutrina católica. Já a partir dos títulos as novas publicações não levavam a nenhuma suspeita. *Vamos ao Pai: convites familiares para bem recitar a oração do pai-nosso* era um comentário da mais linda oração ensinada por Jesus. O segundo opúsculo, *Vamos à montanha da felicidade,* publicado em 1881, deixa bem claro, no texto que segue, que ele não queria sair dos trilhos:

Bem-aventurados os pobres de espírito. O que Deus deseja é o teu coração. Se conseguires purificar o teu íntimo, desapegando-te das coisas terrenas, Deus se achega com alegria à casa do teu coração qual um trono almejado, de predileção.

No mais, como Deus não quer ficar atrás de ninguém em termos de generosidade [...] ele te assegura o reino do paraíso.

A pobreza te possibilita seres uma pessoa virtuosa. O pobre resignado é humilde, o pobre resignado é paciente, o pobre resignado outra coisa não faz do que suspirar: Ó amado paraíso, quando te verei?

Como se nota, o autor não quer menosprezar a justiça quanto a uma eventual partilha ou opressão do pobre. Nenhuma reivindicação.

O mais abençoado e glorioso aqui na terra consiste em suportar tribulações por amor à justiça [...] Como é o teu sofrimento? Para ser feliz, não deves fugir às perseguições, mas ir ao seu encontro. Depois disso, uma vez que elas entraram na tua casa, tu não deves considerá-las inimigas, mas sim amigas, e alegrar-te com elas porque os fortes do povo do Senhor costumam exclamar: grande lucro são os sofrimentos suportados por causa de Deus.

No mais, se tem consciência de "que as aflições surgem, muitas vezes, pelo se permitir a elas se manifestarem. Mesmo assim, a atitude correta nem sempre é mantê-las distantes. Quando elas se apresentam – culpadas ou não –, a confiança em Deus as suaviza, utilizando-as para uma vida melhor".

Talvez se poderia admitir que, muitas vezes, Pe. Guanella buscava os sofrimentos, o que lhe mereceu a severa admoestação de seu bispo. Contudo, não há como negar que havia exageros. Dir-se-ia: era uma vítima inocente!

Esse desafiar o impossível e a labuta em obter os meios para concretizar os seus audaciosos projetos são criticados, mesmo pelos próprios familiares. "Em vez de me amedrontar, as dificuldades me encorajam. Sem dinheiro, adquiri da

Prefeitura o Convento de São Francisco e, dentro do prazo previsto, consegui saldar a dívida de três mil liras". Tratava-se de uma inesperada herança de um primo que emigrara para os Estados Unidos.

Como sempre, *a cada dia*, a Providência o auxiliava. Após a reforma da igreja e de parte do Convento de São Francisco – o restante do prédio pertencia à família Parravicini –, encaminhou-se à estruturação das salas para o funcionamento do ensino fundamental, privado e gratuito. No total, doze alunos matriculados com a aprovação e o aplauso da cúria. Era bem fácil prever o crescimento do colégio em condições de tornar-se "um pequeno pré-seminário, por sinal utilíssimo, a fim de prover a carência de sacerdotes na diocese". Finalmente, Pe. Guanella dispunha de um ponto de apoio em vista de projetos mais ousados. Mas o entusiasmo pouco durou. As autoridades civis se opuseram, determinando o imediato fechamento do colégio. Eles viam "naquele colégio, ainda em germe, um perigo pelo fato de seu fundador ser considerado um subversivo".

A nova perseguição não cessou ali. Por isso Pe. Guanella teve de contatar outras pessoas para apoiá-lo e, assim, manter viva a sua Obra, recém-nascida. À semelhança de todas as obras de Deus, ela nascia em meio à pobreza da gruta de Belém. Qual embarcação, o empreendimento dava mostras de querer naufragar em meio aos recifes da burocracia, que enviara – por vias intermediárias –, este recado: "Se a Cúria de Como quisesse confiar a Guanella a cura das almas no alto de uma montanha, onde não poderia ocasionar perigosas influências, ela teria todo o apoio das autoridades civis". Como a dizer: mantenham distante, na montanha – quem sabe num lugar de difícil acesso, como Olmo, acima de San Giacomo e Filippo, ao longo da estrada que conduz ao

Spluga –, este padre que só perturba e tereis, a vosso dispor, todos os carimbos para preencher sua ficha de saída.

Em Olmo, no caminho do Spluga

Em julho me pus a caminho de Olmo. Como a noite ia adiantada resolvi abrigar-me na casa paroquial do colega Pe. Constante Tabacchi, pároco de San Giacomo. Como a porta estivesse fechada, não tive alternativa senão dormir ao relento, próximo ao muro, nas imediações da igreja matriz. Eu, teólogo e fundador fracassado. Na manhã seguinte, retomei o íngreme caminho, rumo a Olmo.

Mais uma hora de caminhada.

Pela comunicação recebida, devia ser uma sistematização provisória. Mas como sói acontecer, o provisório, muitas vezes, prolonga-se como que ao infinito. E foi bem assim. Às compreensíveis solicitações de Pe. Luís o vigário-geral respondia com sorridente ironia: "Não sabes que a calma é a primeira virtude?".

Em seu dinamismo, Pe. Guanella não contava com aquele repouso forçado no cimo da montanha. Mas não deixou por menos. Na solidão de Olmo pôde refletir e rezar, opondo-se ao desânimo. E desabafava consigo mesmo: "Os meus colegas realizam obras maravilhosas para a glória de Deus e o bem das almas seja na Europa, seja além-fronteiras. E eu aqui...". Em meio aos sofrimentos, contatou Dom Bosco, na expectativa de ser novamente acolhido entre os salesianos. Positiva a resposta, mas com uma condição: que perseverasse. Mas isso não constava em seus planos; por isso não quis prometê-lo. O futuro continuava incerto. Para suavizar a tristeza, oportuna a breve estadia em Gravedona. O pároco dessa localidade era o seu primo (e padrinho) Pe. Lorenzo Buzzetti. Mais uma vez não deu certo, apesar da insistência do pároco para que ele permanecesse como vigário paroquial. Mas nada o convenceu. Mesmo com plena dedicação ao ministério sacerdotal, auxiliando as pessoas, Pe. Guanella pensava em outras realidades. Por isso disse, dirigindo-se ao seu primo, Pe. Lorenzo: "Eu te agradeço, querido padrinho, mas não posso prometê-lo".

Transcorridos alguns dias, teve a impressão que do céu estava por vir uma tênue luz direcionada ao seu futuro. E lhe sobreveio esta intuição: quem sabe, Pianello Lario! Em tempos idos, ao efetuar a travessia do lago, experimentara certa emoção ao avistar, de longe, o vilarejo, destinado a constar na história de sua Obra. Pe. Guanella relata:

> Não sei se foi nas viagens de clérigo ou de neossacerdote! Mas eu me lembro muito bem que – numa dessas viagens, entre Dervio e Olgiasca –, fixei meu olhar na direção da igreja de Pianello. Não dava para avistá-la. Mas ali, naquele exato momento, um raio de luz se apresentou à minha mente, o meu coração teve uma palpitação mais intensa, como a dizer "dirija o seu olhar àquela localidade; ali terás trabalho e extraordinária manifestação".

O presságio não demorará a ter contornos mais definidos a partir de uma concreta manifestação da Providência. Em Pianello Lario falecera o pároco, Carlo Coppini. Em 1871, com seus parcos recursos ele construíra um orfanato, aos cuidados de algumas *piedosas mulheres*. Será que esta sua obra estava fadada a morrer com ele? "Foi então" – a citação é de Pe. Guanella –, "que me veio à mente este pensamento: *tu serás o sucessor*".

Mas o presságio se transformou em nova desilusão. E Pe. Guanella permaneceu em Olmo, "exilado por exercer perigosas influências". Certo dia, ele se dirigiu a Campodolcino para um encontro com o bispo, Dom Carsana, em visita pastoral àquela paróquia. Segundo o costume, os sacerdotes das paróquias circunvizinhas foram obsequiar o bispo, inclusive Pe. Luís. Mas ele ficou sendo o último. À sua saudação o prelado respondeu friamente, o que levou Pe. Guanella a pensar "qual será o meu novo deslize?".

Impossível forçar à desocupação um sacerdote tão ativo como ele, mesmo exilado entre os picos de Olmo, impedindo-o de realizar alguma coisa em seu desabono. Realmente, Pe. Luís não permaneceu calado, recluso em casa, apenas com um livro nas mãos. Contudo, a informação transmitida ao bispo teve o seu peso, vista como grave desobediência, a tal ponto de receber do prelado pesada admoestação: "Não posso suspendê-lo do ministério sacerdotal por não dispor de uma justificativa válida; mas, se pudesse, o faria". A bem da verdade, Pe. Guanella "sabia do preço elevado a se pagar em todas as coisas. O seu amigo Pe. Orione lhe confidenciara em certa ocasião: antes de se visualizar alguma coisa, é *preciso que, à semelhança do trigo, eu caia na terra e morra.*

V

PIANELLO LARIO: SURGE A LUZ DA FUTURA OBRA GUANELLIANA

"Quando a Providência abre o caminho,
não se deve perder tempo;
é preciso apressar-se e prosseguir no caminho.
Quando nas construções se priorizam
as medidas humanas e o auxílio do homem,
tudo indica que a mão
da Divina Providência se retrai."

Nenhuma bonança após a tempestade

Segundo Pe. Guanella, o pensamento direcionado a Pianello Lario manteve-se bem nítido. De repente, tudo se esclareceu *como se fosse uma revelação.* É como se alguém dissesse: pouco a pouco, naquele local, iniciará a tua Obra. Um rebento pequenino, como salientou Dom Alfonso Archi, bispo de Como, sucessor de Dom Valfré; um rebento tardio, quase sem condições de se desenvolver, por causa das intempéries, dos ventos e das tempestades que irromperam ao seu redor. É o caminho estreito a percorrer para conquistar o Reino, como consta no Evangelho. Um preço obrigatório das almas generosas, levando a sério o Sermão da Montanha. Mesmo assim, não há como encontrar uma justificativa perante uma perseguição tão acirrada *versus* um humilde sacerdote vindo do campo e tido como réu aos olhos das autoridades civis por ter escrito e pronunciado – do púlpito – palavras de condenação à ideologia reinante e às notórias injustiças contra os pobres. Garibaldi é intocável! Alguém o advertiu.

De fato, o já mencionado *Saggio di ammonimenti famigliari* ocasionou controvérsias. Controvérsias generalizadas: "Ai de ti, meu povo, pois aviltam os teus costumes e te levam à perdição recorrendo a uma falsa propaganda". E não poupa nem mesmo os carbonários por suas falsas doutrinas. Em seguida, dirige-se ao herói dos dois mundos: "Se ainda não tomastes conhecimento, Garibaldi é um bom santo do diabo". De fato, em 16 de julho Garibaldi enviara uma missiva de Caprera à condessa Dora D'Istria para salientar ser o papado a mais horrível das chagas e que dezoito séculos de mentiras, de perseguições, de cumplicidade da parte de todos os tiranos da Itália tornaram-na uma chaga incurável. Convenhamos! Então, por que não esclarecer e retrucar tais acusações, mesmo que "Garibaldi conte também com adeptos e adoradores?".

Oração, bom exemplo e coragem! É com tais requisitos que o bom cristão deve se opor aos inimigos da religião: "Sim, neste momento precisamos ser mui corajosos, opondo-nos com escolas, livros e instituições católicas à inventiva dos maçons". Eis, portanto, o desfecho em seus *Ammonimenti*: "Pobre gente, a minha, alegando ter ocorrido uma mudança! Há momentos em que falais como santos e em seguida agis tal e qual os pagãos, ou pior ainda!".

Designado administrador da paróquia de Pianello Lario, a fama de estraga prazeres o precedeu antes mesmo de sua chegada. O bispo o exortou a que participasse do concurso para a nomeação de pároco, mas ele se opôs. Pe. Luís não queria envolver-se com uma atividade que absorvesse todo o seu potencial. Ele queria algo mais. O bispo então lhe disse: "É por este motivo que o envio a Pianello Lario. Lá encontrará uma pequena instituição, já encaminhada. Ela ficará aos seus cuidados".

Não foi um ingresso triunfal o seu. Poucas pessoas se deram conta de sua chegada. Eram onze horas da noite quando chegou a Pianello Lario puxando um carrinho com seus pobres pertences. Acolhe-o Martina, empregada do pároco falecido. Idosa, meio dormindo, ela desceu para abrir-lhe a porta e, após indicar o quarto, recolheu-se novamente ao seu leito. De manhã – assim como fazia com o Pe. Carlo Coppini –, perguntou-lhe a respeito do cardápio para o almoço. "O de sempre", foi a resposta do recém-chegado. Sem maiores delongas lhe preparou um prato de polenta, acompanhado por uma fatia de queijo. Era o dia 11 de novembro de 1881, Festa de São Martinho, padroeiro da paróquia.

Ainda naquela manhã algumas pessoas vieram visitá-lo, entre elas o prefeito e o pároco da vizinha paróquia de Musso. Não havia cadeiras para acomodar a todos. Até aqui tudo bem. Mas quando Martina trouxe a polenta e a colocou na mesa, Pe. Luís não se fez de rogado e achou oportuno fazer as honras da casa, convidando os hóspedes a participar do modesto almoço: "Senhores, sintam-se à vontade e sirvam-se". Eles responderam: "Não se incomode, mais tarde retornaremos". O desejo deles era o de formar uma comissão para uma acolhida mais festiva, mas Pe. Luís se opôs. Impediu-os para não dar a entender aos seus superiores estar em paz o seu coração ao aceitar a nomeação de pároco. Por enquanto, nenhum vínculo.

Quanto à pobreza e à sobriedade de Pe. Guanella há um episódio significativo ocorrido nos primeiros meses em Pianello. O falecido Carlo Coppini era um homem santo. Em tempos idos, fora secretário de Mazzini, exilado na Suíça. A sua bondade e santidade de vida fundamentavam-se na humildade e na pobreza, sem nenhuma ostentação. Coppini iniciara uma pequena instituição, que se mantinha graças à boa vontade de um grupinho de jovens aspirantes à vida religiosa para assistir órfãs e pessoas idosas. Marcelina Bosatta era a coordenadora do grupo, do qual também participava a jovem Clara Bosatta, irmã de Marcelina e já beatificada.

A vinda de um padre jovem, de "cabeça quente" – bem essa a concepção de alguns aldeões –, deixara as jovens desconcertadas, pois Pe. Guanella era o oposto do pio e afável Pe. Coppini. E o que dizer dos comentários? Eles acompanham Pe. Luís em todos os lugares. As pessoas comentavam: "Onde este padre coloca os pés segue-se uma revolução". Por isso mesmo o temor das jovens religiosas tinha lá as suas razões. Por isso mantinham distância e o seguiam de longe.

A humilde habitação das irmãs (inicialmente dois quartos, cozinha e dormitório) localizava-se em Camlago de Pianello. Essa localidade pertencia à paróquia de Pianello Lario, mas a orientação espiritual do Asilo fora confiada ao pároco de Musso. Ele teve o bom senso de solicitar ao bispo que o exonerasse do encargo e incumbisse Pe. Guanella como orientador das religiosas, visto ser ele o novo pároco. E assim aconteceu.

Nos primeiros meses, consciente dessa situação incômoda, Pe. Guanella realizou apenas dois encontros de espiritualidade, semanais. Mas não foi difícil quebrar o gelo e criar um clima de fraterna colaboração. Segundo o depoimento da Irmã Marcelina, foi suficiente uma fatia de polenta e uma salada não temperada... No volumoso dossiê *Positio super virtutibus* – que contém todas as informações de quem conheceu de perto o futuro bem-aventurado – há uma linda página quanto ao perfil de Pe. Luís:

As portas da nossa Congregação não se abriram de imediato a Pe. Luís por causa dos laços com outros sacerdotes que nos orientavam. Mesmo assim, em nosso íntimo, nos sentíamos felizes em sua companhia. Duas vezes por semana ele vinha para a orientação espiritual, instruindo e também atendendo as confissões na igreja matriz. O que me motivou a recebê-lo com plena confiança para ser o nosso diretor foi o fato de ter assistido a uma cena incomum e estranha, que eu vi à mesa na paróquia. Pe. Luís, ainda em jejum, retornava de uma cansativa viagem. Tinha em mãos uma vasilha. Nela havia, de um lado, salada verde e, do outro, os ingredientes. E ele, sem temperá-las, pegou duas folhas de cada vez e pôs-se a mastigá-las junto com polenta fria. Ao referi-lo às coirmãs, também elas nutriram grande admiração por ele a ponto de reconhecê-lo providencial às nossas necessidades.

As *piedosas mulheres* – na denominação de Pe. Guanella –, serão as primeiras a responder ao seu apelo para a fundação de seu instituto. E a partir daquele dia a admiração substituiu a desconfiança das irmãs no tocante ao jovem pároco. Sabe-se, muito bem, que o exemplo de um humilde estilo de vida e de pobreza dos sacerdotes vale bem mais que muitas e muitas palavras. "A fraternidade do sacerdote" – como consta no livro *Vieni meco*, cuja elaboração ele iniciara em Pianello –, "é verdadeira fraternidade. O sacerdote e o altar encontram-se ali para auxiliar-vos; encontram-se ali para se sacrificar por vós".

Pregador e escritor

Muito afável, Pe. Guanella era também um bom pregador. Os párocos das localidades limítrofes muitíssimo se alegraram em poder contar com a sua presença nas paróquias por causa do ministério da Palavra, particularmente em momentos fortes e especiais do tempo litúrgico, como a *pregação da Quaresma*, quando se deseja oferecer aos paroquianos a pregação de um sacerdote capacitado e comunicativo. Como de costume, havia sempre um bom número de "pecadores" que não frequentava a paróquia nem mesmo na Quaresma. Como abordá-los? A estratégia de Pe. Luís – antecipando-se aos tempos em termos de comunicação –, consistia em recorrer a opúsculos, livros catequéticos e morais e, também, livros históricos e biográficos, com certeza não em voga hoje em dia por apressados leitores, envolvidos por mensagens inúmeras.

Pe. Guanella não perdia tempo com os editores. Ele mesmo publicava seus livros e às suas custas, quase sempre em gráficas de Milão. De 1882 a 1885, o elenco das publicações atingira 29 títulos, intercalados pela biografia de São Jerônimo Emiliani, fundador dos Padres Somascos e em sintonia com as suas aspirações, e a de São Francisco.[1] Um outro livro, de 350 páginas, expõe com clareza e simplicidade os fundamentos da vida cristã: *Vieni meco: a doutrina cristã exposta com exemplos em quarenta conferências familiares* (1883). Seguem *diversos opúsculos* com este teor: o tema da

---

[1] GUANELLA, L. *Un poverello di Cristo;* memorie per le feste mondiali del settimo centenario della nascita di S. Francesco d'Assisi. 1882.

morte, no túmulo dos mortos. *Il pane dell'anima*, um curso de homilias dominicais com o intuito de atingir, em suas casas, os que deixam de frequentar a igreja aos domingos e "festas de preceito". Também não se esquece de publicar o livro dedicado a Nossa Senhora, *Nel mese dei fiori* (1884). Nesse ano – o mais fecundo do prolixo escritor –, publicam-se o segundo e o terceiro volume do texto *Il pane dell'anima*. Ambos os textos estão permeados de *máximas escriturais expostas nas explicações evangélicas*, de 384 e 362 páginas, respectivamente. Numerosas as mensagens (*fervorini*), abordando as festas de Nosso Senhor e da Bem-Aventurada Virgem Maria e as referentes a *cada dia da Quaresma*, e *em preparação às festas do terceiro centenário de São Carlos Borromeo*, quase sempre bem amplas. À semelhança de todo escritor jovem, Pe. Guanella também procurou atingir o objetivo da história da humanidade em grande abrangência. Nisso ele foi feliz, focalizando um período histórico de Adão a Pio IX: *Da Adamo a Pio IX: quadro delle lotte e dei trionfi della Chiesa universale distribuito in cento conferenze* (1885), um texto condensado em 136 páginas, num enfoque de toda a humanidade. Na ulterior publicação, após um ano, o número de páginas mais que triplicou.

Pe. Guanella não perdia tempo em ultimar seus escritos nem mesmo adotar o estilo dos grandes escritores do século XVIII. O que realmente lhe interessava era recuperar o vazio dos anos juvenis. Nas "horas mortas" do dia, entre tantos compromissos da vida paroquial em Pianello e arredores, ele se dedicava a preencher folhas e mais folhas, impelido pelo *inexaurível desejo de fazer o bem*.

Isso de nenhum modo agradava aos políticos. Temiam o confronto com outros *ammonimenti*. Por tal motivo a Prefeitura continuava de olho e mantinha-se vigilante em relação ao "suspeito" Pe. Guanella. De que era suspeito?

Ora, um santo também perde a paciência. Imaginem, então, a situação de Pe. Luís ao inteirar-se de que estava sendo vigiado a cada passo que dava e a cada texto que escrevia, mesmo que fosse o *Catecismo para as almas que aspiram à perfeição* (1884).

A preciosidade dessa atividade publicitária – intensa e apaixonante – vem a ser confirmada pelos vultosos textos de *Opere edite e inedite di Luigi Guanella*, publicados pelo Centro de Estudos Guanellianos.[2] Contudo, como atestam os seus paroquianos, Pe. Luís não era apenas escritor, mesmo que houvesse tal opinião a seu respeito. Vem a confirmá-lo o fato de dois sacerdotes, de passagem, se dirigirem a alguns moradores perguntando-lhes: "Poderiam nos informar se o pároco se encontra?". Eles responderam: "Tudo indica que sim, pois está sempre ocupado a escrever!".

Todavia, a fecunda atividade de escritor e o dinamismo "abrangente" do pároco não eram bem-vistos pela Prefeitura de Como. Mas ele não se importava com isso. Irredutível, não se rendia às autoridades que se opunham a seus projetos. Eis suas palavras:

> O relacionamento com as autoridades civis de Como estava de mal a pior e fui obrigado a comparecer perante o procurador. Mas, antes que o juiz abrisse a boca, senti em mim a presença de sete espíritos e gritei em alta voz, batendo na mesa com os punhos de montanhês, que há quinze anos se perseguia um inocente. Ao perceber minha indignação, acorreu a mulher do procurador. E ela disse: "O que te fez este sacerdote, e tu o que fizeste?". O procurador também se impacientou, chamou um guarda e ordenou, com o semblante desfigurado pela ira: "Conduze-o ao senhor prefeito!".

---

[2] Roma: Nuove Frontiere Editrice, 1999. O terceiro volume – *Scritti morali e catechistici* – várias citações aqui provêm desse texto –, tem 1259 páginas.

Como sabemos, a situação era essa. Pe. Guanella aceitara a nova destinação de Pianello em caráter provisório; apenas com o título de administrador paroquial. Mas isso lhe tolhia o direito de receber a *côngrua*, o modesto salário que a administração pública concedia aos párocos em troca do confisco dos bens eclesiásticos. Pe. Luís procedeu dessa maneira para manter-se livre, para "bater as asas" e alçar voo além dos diminutos confins da paróquia, quando a Divina Providência se manifestasse quanto à sua missão. O bispo e os párocos da forania estavam cientes disso. Mas Pe. Guanella fazia questão que o prefeito, senhor Guala, também o soubesse. Guala era uma pessoa magnânima, bem o oposto do impaciente procurador. A palavra, portanto, com a pessoa interessada:

Na presença do prefeito repeti a mesma cena. Tomando a palavra, o senhor Guala me interrogou: "Então, o que desejas fazer?". Neste momento senti que deveria dizer algo jamais pensado, e respondi: "Eu quero fundar um instituto para domésticas pobres". Guala concluiu: "Agrada-me a ideia e eu a apoiarei junto ao bispo e, se for necessário, à própria cidade".

Quando se confia na Providência, a caminhos longínquos ela nos conduz. Do mesmo modo, abre portas impenetráveis, mesmo batendo com punhos robustos de montanhês na mesa das autoridades, acostumadas a protelar o problema e repassá-lo a outras pessoas.

A partir de Pianello, Pe. Guanella vislumbrava vastos horizontes, mesmo iniciando com uma instituição pequenina, inspirando-se em Dom Bosco no Cottolengo. Agora sim se tratava de um projeto pessoal, por ele idealizado. Desse modo, após o encontro com o *sexo devoto*, as piedosas mulheres do asilo, um avanço promissor se apresentava em seu horizonte:

> Pelo fato de a Providência me ter enviado a este asilo com ampla liberdade e sem restrições, e parecer tratar-se mais de um embrião do que de uma única instituição, contendo, de alguma forma, os elementos do espírito do Cottolengo, pessoalmente eu sinto que na assistência ao sexo devoto e aos empobrecidos consegui o maior êxito e senti a mais viva inclinação. Por tudo isso, caso não ocorram imprevistos, fico na expectativa de sua manifestação, senhor bispo, para que se manifeste a respeito com a maior clareza possível. Eu, na idade de 43 anos, sinto que devo agradecer vivamente a Deus por todo bem e também todo mal suportado até agora e de lhe ser muitíssimo agradecido por ter-me encaminhado a esta via, pela qual labutei até este momento, e pude encontrá-la.

Nota-se, nessa citação, a falta de limpidez quanto ao estilo. Mas o conteúdo, esse sim, é bem nítido. Finalmente, Pe. Guanella iniciara a tão sofrida instituição. Todavia, Pianello era demasiadamente pequenina. Por isso mirava a cidade de Como. Paz, portanto, com as autoridades? Ainda não! Em missiva enviada ao bispo, Pe. Luís assim se expressa: "Nenhum rancor quanto aos sofrimentos suportados até este momento. O que me aflige é isso: depois de me considerarem mais louco do que sábio, ainda pretendem afastar-me da minha vocação". Contudo, já havia certa mudança. A concepção dos colegas sacerdotes a seu respeito era bem mais realista, como relata o pároco de Dongo em carta enviada ao bispo: "Em Guanella eu encontro um homem de coração, de grande coragem e zelo, um homem de iniciativa. Os habitantes de Pianello consideram-no um santo e temem sua saída".

VI

A PRIMEIRA EXPANSÃO: DE PIANELLO A COMO

"Convém iniciar com pequenas coisas,
pois devagar se vai ao longe.
Quem deseja agradar e alegrar o próximo
deve ser cortês, vivaz, exigente,
repleto da liberdade de espírito
que é verdadeiro dom do céu."

Se o punho na mesa do robusto montanhês fosse um hábito para fazer valer os seus direitos, certamente desmentiria a máxima supracitada. Mas, na prática, como era o relacionamento de Pe. Guanella com as pessoas? Nota-se o seguinte:

Consigo mesmo ele era austero e rígido, e não deixava de se posicionar quando era difamado. Mesmo assim sabia ser paciente, benévolo e solícito com quem tinha maiores dificuldades em acompanhar seus passos. Não era solitário, mas sim muito determinado em sua solidariedade, seguindo a tenacidade típica de suas origens. Sabia ser amigo cordial e alegre, aberto a cada pessoa, plenamente convicto de que o homem mais rude em termos de relacionamento oculta tesouros preciosos e belezas a serem valorizadas.

Em sua vida e em seu modo de agir percebe-se outra máxima, intocável: "Para fazer um pouco de bem em proveito próprio e aos outros, deve-se recorrer ao homem assim como ele é: pequeno, frágil, mortal". Eis as palavras que norteiam sua ação no relacionamento cotidiano com as pessoas. Tolerância e compreensão, portanto, com as fragilidades alheias num crescendo, à medida que se tenha noção de suas limitações. Além disso, muita generosidade em auxiliar o próximo, como aconteceu em 1887, ao lançar-se, com roupa e tudo, nas águas do lago com risco de afogamento para salvar – mesmo que em vão – o idoso sacerdote Pe. Mário Bosatta. Sempre nesse contexto, quão grande, em 1884, seu desejo de ir a Nápoles, acompanhado de suas religiosas, para socorrer e assistir muitas pessoas atingidas pela epidemia de cólera. E teve de ouvir "agradecemos, não precisamos de vossa ajuda". Palavras da Cúria e dos administradores da cidade. Sempre com o desejo de realizar o bem, em 1915, Pe. Guanella não hesitará em dirigir-se a Marsica para socorrer as vítimas do terremoto, isso poucos meses antes de sua morte.

A vida deste santo Fundador possui, como auréola, muitos gestos generosos, pequenos e grandes, como relata o médico de Pianello: "Eu costumava levar-lhe uma garrafa de vinho da Valtellina. Pe. Luís agradecia, mas em seguida me pedia para alegrar um ou outro doente...". Quase sempre respondia afirmativamente e assim a garrafa de vinho tomava o rumo da casa dos doentes, reservando-lhes, além do bom vinho, uma ajuda em dinheiro, apesar do escasso salário de quarenta centésimos ao dia.

Aos padres que o interrogavam a respeito de seu segredo em ser tão generoso com os pobres e, ao mesmo tempo, sobreviver com um salário tão parco, respondia: "Se aprendêssemos a viver com o auxílio da Providência, em vez de salários, estaríamos bem melhor; o povo nos teria em grande estima e faríamos um bem ainda maior".

Em Pianello, portanto ele não recebia a côngrua. E mesmo mantendo o benefício teologal de Prosto, Pe. Luís renunciara a esse direito em prol do pároco daquela paróquia.

Nesse contexto, assim como na ação e no apostolado não se pode dispensar o *lado concreto*, o mesmo ocorre no campo espiritual. Carlo Lapucci soube muito bem enfatizá-lo como segue: Pe. Luís amava a simplicidade e detestava tudo quanto era falso, artificial. O mesmo quanto à devoção e à prática religiosa. Nada de sentimentalismo ou entusiasmo excessivo. Certa ocasião, ao solicitar que lhe dissessem quais os temas de meditação das noviças, soube intuir com facilidade quais eram: *Le paginette d'oro, Le scintille eucaristiche, Le stille di rugiada...*

Eu imaginava, *benedette martorelle*, que seria assim. Não percebestes que todas elas são páginas adocicadas, repletas de sentimentalismo? Para viver, notem bem, são necessários alimentos nutritivos, alimentos no verdadeiro sentido da palavra, algo que sustenta, mesmo que seja difícil mastigá-los. Não se consegue viver só com balas. Melhor o pão seco, o pão duro, do que qualquer outra coisa, que vale tanto quanto se estivesse engolindo apenas ar. Não sois nem borboletas, nem grilos! O que tendes a ver com *stille di rugiada*? Bem pelo contrário! Vós deveis ser pequenas mártires de amor e de sofrimento!

Por isso, em seu *Catechismo per le anime che aspirano alla perfezione* (1885), ele deseja oferecer um alimento mais nutritivo inspirando-se no Sermão da Montanha.

A doutrina dos conselhos evangélicos – compêndio das virtudes praticadas pelo próprio Jesus Cristo, tornou-se a famosa doutrina dos verdadeiros sábios e doutos cristãos; e a vivência desta doutrina – vivência radical até o heroísmo, vivência até o fim da vida –, aperfeiçoa os santos na Igreja.

Às *piedosas mulheres* coube a mesma sorte de Pe. Guanella, igualmente atingidas pela maldade de certas pessoas. Foi o que ocorreu com Dina Bosatta e Maddalena Minatta. Certo dia, acompanhadas pelo Fundador, foram intimadas a comparecer na presença do juiz de Dongo. Ele foi direto ao assunto: "É verdade que por uma estúpida piedade feris as órfãs abrindo mais ainda as suas chagas? O tal... – e foi dizendo o nome da pessoa, por sinal mui respeitável –, ela mo confirmou". As piedosas mulheres lhe responderam: "As feridas nós as curamos e não aumentamos". E foi ali que as duas tímidas pombinhas, com a força de um leão, declararam certas coisas forçando o juiz a encerrar o assunto desta maneira: "Vão embora, vão embora. Pelo que vejo quereis me julgar e comprometer".

Irmã Clara Bosatta, duas órfãs e uma cabritinha

Em agosto de 1885, uma nova tentativa de expansão. Localidade escolhida: Ardenno, a pedido de Pe. Lorenzo Guanella, irmão de Pe. Luís. Foram designadas Irmã Clara Bosatta e Irmã Maria Buzzetti. Irmã Marcelina as acompanhou. Mas foi uma expansão malsucedida. Houve sobrecarga de trabalho e alimento escasso: pouco pão, pouca polenta e uma tigela de soro. Somado a tudo isso, a ingerência do pároco na vida da pequena comunidade. Por isso Pe. Luís determinou o retorno das duas irmãs a

Pianello. Uma descortesia entre irmãos? De forma alguma. E da parte de Pe. Luís nenhum rancor. Bem pelo contrário. Mais tarde o acolheria num de seus asilos, assegurando-lhe tranquila velhice.

Com o impasse, reservava-se à Irmã Clara a segunda tentativa de expansão da jovem comunidade. Dessa vez em Como. Ali Pe. Luís prepara modesto alojamento: um quarto bem grande, cozinha e toalete, em comum com outras pessoas. Mais tarde, o pároco do bairro, Pe. Callisto Grandi, recordava o primeiro encontro com Pe. Guanella e Irmã Marcelina, em 5 de fevereiro de 1886, responsáveis pelo alojamento das irmãs: "Eles bateram à porta da casa à minha procura. Acolho-os como benditos que vêm em nome do Senhor. Eles me dizem de seu desejo em iniciar um instituto numa casa anexa à Igreja de São Roque, o que me parecia ser impróprio por muitas e muitas razões, até mesmo quanto à higiene". E o pároco dá por encerrado o assunto com um bom conselho: "Observem o que há na redondeza e encontrareis algo bem melhor". Em seguida, para lhes proporcionar uma visão panorâmica, conduziu os dois visitantes ao alto da torre da Igreja de Santa Ágata. "Fazia muito frio", recorda Pe. Callisto. "Lá de cima lhes mostrei muitos campos não cultivados e lhes disse: 'Escolham...'". Foi o que aconteceu. Convicto de ser a cidade de Como a estrada aberta pela Providência para implantar a Obra, Pe. Guanella não perdeu tempo quanto aos detalhes. Ele sempre dizia que para fazer o bem é preciso rezar e sofrer.

O "melhor de tudo" encontrou-se na propriedade do senhor Biffi. Pe. Guanella o contatou para a aquisição do imóvel e parte do terreno. Preço estabelecido: quatorze mil liras a serem pagas em seis meses. Como fazer? No caixa havia apenas algumas liras. Mas a Providência dispunha de muito tempo para saldar a dívida. E nisso se pensaria após a chegada das pioneiras: Irmã Maria Buzzetti, uma coirmã e uma órfã.

A viagem, a bordo de um barquinho alugado, parecia ser mais uma fuga noturna do que qualquer outra coisa para subtrair-se à curiosidade das pessoas. Esse barquinho – parecido com o de Manzoni em seu *Addio monti sorgenti dall'acque* –, aparecerá nos anais da estreia da Obra, uma estreia, por sinal, duríssima, bem nos moldes de quem enfrenta uma experiência pioneira com escassos recursos. Transcorridos vinte e cinco anos, aquele barquinho assinalará o ponto de partida da Obra, como relata Leonardo Mazzucchi na primeira biografia do Fundador:

> Apenas vinte e cinco anos transcorreram desde que uma frágil barca deixava Pianello Lario rumo ao ancoradouro de Como; ela não portava as fortunas de Roma, como acontecia com a barca de César, mas as de uma dúplice congregação, por Deus destinada a desenvolver-se, em pouco tempo, a favor dos pobres e necessitados.

Transcorrido um mês, na tarde do dia 13 de maio de 1886, Irmã Clara, com duas noviças e... uma cabritinha (à sua generosidade reserva-se a tarefa de assegurar o desjejum da comunidade), tomou o rumo de Como para ali constituir a primeira comunidade da pequena casa. Pequena unicamente em sentido literal. O adjetivo se cancelará para evitar equívocos com a Pequena Casa da Divina Providência do Cottolengo. Pe. Guanella deixa claro que também os santos iniciaram com pequenas coisas: a passos pequeninos e devagar se vai longe. O importante mesmo é não perder tempo lamentando-se... e apressar-se com alegria. A presença da cabritinha e a oscilação do barco não tinham nada a ver com festa, como recorda uma companheira desta aventura:

Uma vez em Como, encontrei o estritamente necessário: não havia quartos para todas; como oratório dispúnhamos de um corredor com um minialtar preparado pela irmã Clara [...] e quando houve a falta de leitos, a irmã Clara, acompanhada pelas postulantes, refugiou-se no sótão, onde dormiam sobre tábuas [...].

Até mesmo Pe. Guanella teve de se contentar com a estrebaria, compartilhando as noites em companhia da cabritinha. E cresceu o número de inquilinos, a tal ponto de ser insuficiente o leite da legendária cabritinha para garantir o desjejum da numerosa família.

Quanto à Irmã Clara Bosatta, mártir de caridade, *Flor do céu* (este é o título da primeira biografia elaborada por Maddalena Albini Crosta), Pe. Guanella escreveu a primeira biografia e encaminhou a documentação para iniciar os procedimentos de sua beatificação. Irmã Clara – seu nome de Batismo era Dina –, faleceu em 20 de abril de 1887, com vinte e nove anos de idade. Dela se fala com especial afeto e crescente devoção nas casas guanellianas, sobretudo a partir do momento em que João Paulo II a beatificou, em 21 de abril de 1991. Uma santidade florescida sob a orientação do dinâmico Fundador. A ela e sua irmã, Marcelina, Pe. Luís reservava as tarefas mais delicadas e difíceis.

Viver em companhia de um santo nem sempre é fácil, mas acaba-se seguindo suas pegadas. O exemplo arrasta. Comprovam-no tantos homens e mulheres tendo alcançado a glória dos bem-aventurados, seja anterior, seja posteriormente aos fundadores de congregações. Esses cirineus voluntários auxiliaram o pai em suster o peso da cruz, juntamente com outros coirmãos, e seu nome não consta no álbum de ouro dos santos.

Irmã Clara chegou à meta da santidade em poucos anos de vida consagrada sob a orientação de Pe. Guanella. Eis o que ele diz ao falar de seu breve, mas doloroso calvário:

Irmã Clara, no retorno a Pianello e alojada num lugar onde pudesse satisfazer as suas necessidades, tanto espirituais como materiais, dava mostras de serem menos dolorosos os dias de sua enfermidade. Mesmo assim lhe sobreveio graníssima aflição. Marcelina, superiora e irmã, também adoece gravemente com os mesmos sintomas: pleurisia e pneumonia. Qual a causa? Ela se deve à sua solicitude materna e aos esforços heroicos, sacrificando-se em assistir a sua querida Irmã Clara. Ambas ocupavam o mesmo quarto. Dia e noite Marcelina permanecia junto ao leito da irmã. Duas pessoas enfraquecidas, auxiliando-se mutuamente... Desolados, todos rezavam e pediam a outras pessoas que também orassem. E houve uma melhora após receberem o sacramento da Unção, aflorando um raio de esperança de que pelo menos Marcelina obtivesse a cura.

Para melhor atendê-las, procedeu-se a uma separação, cada uma no respectivo quarto. No entanto, Irmã Clara não se cansava de fazer a sua oferta: "Aceita, Senhor, que eu morra por ela" – é sempre Pe. Guanella quem fala –, "e que ela viva para o bem da Obra! Tenho a intuição que o Asilo crescerá, que a Casa de Como também se ampliará e que se construirão outras casas".

O inverno estava com os dias contados. Irmã Clara se dirigiu à mãe, que assistia a ambas: "Quando as rosas florescerem, não mais estarei entre vós". Cessava desse modo a jovem vida, com seu último sorriso em 20 de abril de 1887.

É mui significativa a biografia da Irmã Clara redigida pelo Pe. Luís. Foi o seu diretor e guia desde que chegou a Pianello. Um encontro capaz de transformar sua atitude e sua postura no tocante à tradição, uma tradição nem sempre generosa quanto ao potencial da mulher e de seu modo de ser, como se lê na obra literária de Piera Cerruti, ao aprofundar o texto sobre a *Vida da Irmã Clara redigida pelo Fundador*:

Nele encontramos uma postura diferente em relação à mulher. Em nenhum outro texto seu ele se demonstra tão confiante e aberto, liberto dos preconceitos, inculcados no tempo de seminário. Aquele cristal de pureza e de fortaleza, Irmã Clara, consegue abrir sulcos no duro coração de Pe. Guanella. Atencioso, dá mostras de abertura e maturidade quanto à vocação da mulher, vindo a comprovar que ele teve intensa observação e muito aprendeu nos anos de assistência espiritual no asilo de Pianello.

VII

EM FRENTE

"É preciso trabalhar com força de vontade
e alegria de espírito para dar aos outros
um bom exemplo de abnegação.
Qualquer desventura reservada a nós na terra
não é desgraça, mas um cálice suave e medicinal
que a nós se apresenta."

Pão, vida espiritual e algumas lágrimas

"Terra iníqua a nossa. Para salvá-la são indispensáveis as vítimas." Assim se expressou Pe. Guanella quando, pela segunda vez, a morte penetrou na Casa da Providência, levando consigo Alessandro Mazzucchi aos doze anos de idade. Era uma jovem promessa. Mesmo assim o sobrenome constaria na história guanelliana, graças ao irmão menor, Pe. Leonardo, responsável máximo da Congregação Servos da Caridade, em substituição a Dom Aurélio Bacciarini (primeiro bispo guanelliano).

Alessandro Mazzucchi vem a ser o primeiro aluno da jovem Congregação. Pe. Luís o conhecera em Pianello ainda criança. E o Pe. Giovanni Tamburelli, autor da biografia de

Alessandro – para motivar jovens e adultos – colhe o ensejo de um breve colóquio entre o menino e o pároco de Pianello.

Certo dia, após ter falado da excelência do sacerdócio, da preciosa missão de consagrar o Corpo do Senhor e de salvar as almas, Pe. Guanella parou de repente e, sorrindo, dirigiu o seu olhar aos pequenos ouvintes, admirados com a sua eloquência. Em seguida, pegou o barrete e o colocou na cabeça de Alessandro, dizendo suavemente: "Gostarias de ficar assim? Gostarias de ser padre?".

Como não sorrir por esses "lábios eloquentes", ou pelo antigo costume de certos biógrafos em buscar respostas pouco viáveis no íntimo de uma criança? Mas Alessandro fez a diferença. Ao chegar em casa, ele relatou o episódio à mãe e depois se recolheu ao seu quarto. "Que surpresa a da mãe ao surpreendê-lo ajoelhado diante do oratório e rezando fervorosamente com estas palavras: 'Ó Senhor, ajudai-me a ser bondoso para pertencer totalmente a vós'". Em síntese: a história é similar àquela do jovem salesiano, Domingos Sávio, fruto do Oratório de Dom Bosco. A grande diferença encontra-se nos autores das respectivas biografias. Nisso Domingos Sávio leva vantagem, graças à capacidade do Pe. Cojazzi, exímio autor da biografia do jovem salesiano.

Alessandro foi contado entre os primeiros alunos da Casa da Providência em Como. Ele passou qual meteorito, mas deixou um rastro de luz pela sua inteligência, empenho no estudo, maturidade, inclusive espiritual, e por ter assimilado muitas e muitas lições no tocante à caridade. Alessandro praticou exemplarmente obras de caridade ao visitar os doentes, particularmente ao ficar à cabeceira de um jovem, do qual poucos se aproximavam por causa do mau cheiro de seu corpo, atingido, que fora, por uma doença rara e incurável.

Quem sabe alguém lhe falara de Luís Gonzaga, que sacrificara sua jovem vida para assistir as pessoas vitimadas pela peste. Pode-se deduzi-lo do fato de Alessandro ter rezado pedindo a Deus que o levasse deste mundo bem no dia em que se festejava o onomástico de Pe. Luís, tamanha a afeição, seja pelo pai espiritual, seja pelo jovem santo. Quem sabe foi mera coincidência. Mas quando a pessoa é simples, vai-se além. De fato, Alessandro morreu no dia 21 de junho de 1890, justamente na Festa de São Luís Gonzaga. Mas não foi de modo heroico. Convidado a participar da inauguração da gangorra (as crianças gostam desta brincadeira e Pe. Guanella a autorizara, meio a contragosto), aconteceu o inesperado. Quando a gangorra atingiu o ponto mais alto, Alessandro perdeu o equilíbrio, caiu e bateu a cabeça no pavimento. Uma cena muito triste: consternação dos colegas, adultos que acorrem e o choro angustiado da mãe. O próprio Pe. Guanella lhe dera a triste notícia. Que situação! "A Casa como que virou do avesso. Alguns choravam, uns rezavam, e outros acorriam junto ao filho amado e depois se prostravam na capela suplicando a Deus que acontecesse um milagre..."

Exemplar, em meio à dor, a resignação da mãe. Em meio às lágrimas conseguiu murmurar: "Seja feita a vontade divina. Assim como desejava, ele faleceu no dia de São Luís. Que São Luís o acolha no paraíso". Até mesmo o Papa Pio X – Pe. Guanella lho comunicara –, comoveu-se com esse fato doloroso e lhe respondeu para confortá-lo: "Recolham os fatos deste jovem angélico e publiquem-nos. Eles serão muito úteis para o bem de todos".

Recomendação supérflua a Pe. Guanella, grande panegerista. Quando de suas visitas, sempre se mostrava interessado em conhecer pessoas que tivessem levado uma "vida santa" para servirem de exemplo. Entre as biografias redigidas pelo Fundador a mais importante é a *Vida de Irmã Clara*, a jovem vítima da Obra da Providência. Todavia, ao consultar os *Escritos históricos e hagiográficos* de Pe. Luís Guanella, há como ter uma ideia de sua capacidade para compilar obras dos santos. Não existe uma comemoração de primeiro ou segundo centenário – tanto de vida como de morte, ou mesmo de translado das relíquias dos santos – que tenha passado em branco, justamente pelo desejo de relatar importantes fatos históricos. Eis o *incipit* da biografia de São Carlos Borromeo (1538-1584), compilada para comemorar o terceiro centenário da morte do arcebispo de Milão:

> Atualmente, há pessoas que apontam o dedo em riste aos ricos e poderosos e depois bradam com furor: "Eis os inimigos! Exterminem os opressores do povo!". Não deve ser assim. Aconselhem não agir desse modo! Rezem para os ricos e poderosos medirem com um olhar a grandeza do paraíso e com o outro a indigência dos próprios irmãos aqui na terra; e depois os deixem em paz, porque, através deles, Deus quer distribuir seus dons entre nós todos. Empenhai-vos para os ricos permanecerem fiéis ao Senhor e tereis amigos poderosos nos dias de infortúnio. Sirva de exemplo a família de São Carlos Borromeo...

Em outros momentos aconselhará, de modo mais claro e sintético, qual a estratégia para conseguir amigos, melhor se forem bons e poderosos. Madre Teresa de Calcutá não fazia o mesmo para conseguir valiosa ajuda em prol de seus empobrecidos?

A vida retoma o ritmo cotidiano

Sim, retoma-se a vida com a serenidade e o ardor da jovem comunidade, num crescendo, sob a orientação segura de Pe. Guanella, segundo o seu relato: "Através da oração, do trabalho e da confiança em Deus o pequeno enxame aguardava o auxílio da Divina Providência". *Pão e Senhor* tornara-se o lema do Fundador e a resposta do céu chegava pontual, como aconteceu com a primeira aquisição da casa de Como, por sinal bem espaçosa. Para comprá-la, fez-se um empréstimo de quinze mil liras. Por incrível que pareça, não foi preciso restituí-las. "A dívida foi totalmente perdoada", um eufemismo para dizer sem nenhum ônus.

Com o impulso da Providência, a comunidade guanelliana, tida como audaz (ou sem nenhum critério do ponto de vista de numerosas pessoas, mesmo de uma irmã de Pe. Luís, que o acusava de despesas arriscadas), podia avançar confiante: Pão e Senhor, Providência e oração... eis, em síntese, a poderosa mola elevando-a acima dos critérios humanos. De fato, "o viver sempre significa um avanço rumo a algo superior, rumo à perfeição, ou seja, prosseguir e fazer o possível para chegar à meta".

Algo superior! Como se sabe, a heroica caridade com as criaturas descartadas e ignoradas pela sociedade. Foi bem essa a impressão de um sacerdote ao visitar a Casa da Providência de Como em 1890. Naquele momento já havia duzentos internos: idosos, enfermos, cegos, surdos-mudos, mulheres idosas inábeis e doentes crônicos. E, para completar, estudantes pobres e adolescentes tolhidos do caminho da delinquência para aprender um bom ofício.

Outro visitante da Casa da Providência ficou ao mesmo tempo admirado e impressionado com o atendimento prodigalizado a tantos seres humanos, pobres e desventurados, assim se expressando:

> De repente nos defrontamos com uma criatura horrível de se ver, meio homem e meio besta, uma destas pobres criaturas, monstruosamente assustadoras, perante as quais somos, por assim dizer, tentados a pedir a Deus porque elas vieram ao mundo. A misericórdia de Pe. Luís o acolhera e ele vinha ao nosso encontro, saltitando...

O sacerdote que nos acompanhava, um voluntário da Obra, salientou com ardor a caridade de Pe. Guanella e a ternura que ele manifestava àqueles pobres seres, portadoras de deficiência. Ele os considerava seus melhores amigos. "Com muita reverência Pe. Guanella prestava os serviços mais humildes de atendimento e de higiene pessoal dos velhinhos doentes, como se estivesse tocando com suas mãos a carne sacrossanta de Jesus Cristo."

Na saída, um visitante comentou: "Entrei aqui indiferente e saio repleto de admiração e entusiasmo". No decorrer da visita, ele quis saber de Pe. Guanella qual o segredo para atender às necessidades de tantas pessoas. À pergunta a resposta veio através de duas palavras, que soam idênticas: "A Providência provê!".

As parábolas de Padre Guanella

Em termos de boa vontade e paciência, eis uma parábola narrada por Calo Lapucci no opúsculo *Luís Guanella, parábolas de um samaritano*: O que me trazes de bom?

Quando se apresentou pela primeira vez ao Pe. Luís Guanella, Abramo Rivellini era já adulto e tinha ouvido falar deste padre como de um santo. Com grande temor e reverência decidiu visitá-lo em Como, com o intuito de manifestar-lhe seu desejo de deixar o mundo e tornar-se religioso numa das Casas da Providência.

Com tal motivação Abramo Rivellini viajou a Como num domingo de abril para encontrar-se com Pe. Guanella. Quando chegou à Casa da Providência, na rua Tommaso Grossi, eram, mais ou menos, quinze horas e trinta minutos. No pátio, muita motivação. Havia ali uns duzentos meninos irrequietos que brincavam, e no meio deles um sacerdote alto, robusto, um pouco encurvado, mas com muita saúde, brincando com eles.

Comunicaram a Abramo que o sacerdote era o Pe. Luís Guanella. Pe. Luís, quando se viu diante de Abramo, foi logo dizendo:

— Queres tornar-te padre?

Gaguejando, Abramo respondeu que sim.

— Muito bem, continuou Pe. Luís Guanella. — E o que me trouxeste de bom?

Abramo respondeu:

— Não trouxe nada, pois não pensava que seria admitido de imediato.

— E quem te disse que foste aceito? Eu lhe perguntei a respeito do que trouxeste e tu disseste: nada. É muito pouco, não te parece?

Abramo ruborizou envergonhado e gaguejou:

— Trouxe tão somente a boa vontade.

— Agora sim! Está bem, meu caro, assim está bem, porque em nossas Casas precisa-se muitíssimo de boa vontade e paciência, a tal ponto que nunca há de sobra. Tens essas virtudes?

— Acredito que sim.

— Muito bem, pois é exatamente isso que se requer, porque de ciência para os meus "burrinhos" basta o suficiente, mas de paciência e boa vontade se requer uma montanha. Percebo que as tens e não me tinhas dito!

E assim, transcorridos oito dias, o futuro Pe. Abramo Rivellini foi acolhido entre os colaboradores do Pe. Luís Guanella.[1]

A parábola, deve-se considerá-la na íntegra, pois se trata de um acontecimento verossímil. De fato, nas entrelinhas há sempre uma verdade que se abre em *flash* de luz, direcionado ao recrutamento e formação dos padres e das irmãs nas duas congregações fundadas pelo Pe. Guanella. O encaminhamento de uma Obra como essa, uma Obra tenazmente desejada e corajosamente concretizada por ele – mesmo que não tenha custado "suor e sangue" aos trabalhadores da primeira hora – exigiu, todavia, uma dose bem abundante de boa vontade em seguir os passos do Fundador por veredas ainda não traçadas no papel. A resposta daqueles pioneiros era a mesma dos primeiros apóstolos: *in verbo tuo laxabo rete* ["por causa de tua palavra lançarei a rede"] (Lc 5,5). Todavia, quantas lágrimas ocultas, despercebidas e vertidas, particularmente pelo Fundador, em evitar a falência de sua Obra!

Aquilo que Pe. Guanella prometia aos seus religiosos enquadra-se na letra "F", uma letra que ainda ecoa na Casa de Como: *fome, frio, fumaça e fastio*. A esse refrão acrescenta-se outra letra: a letra "V", cujo significado é *vítima*. Eis as suas palavras: "Em tudo é necessário vítimas que se

---

[1] GUANELLA, Luís. *Parábolas de um samaritano*. Ed. Carlo Lapucci. 2. ed. Porto Alegre: Pallotti, 2007. p. 168.

assemelhem à grande Vítima do Calvário; vítimas capazes de erguer torres de salvação em prol das almas".

É óbvio que seu exemplo precedia o convite. As irmãs faziam de tudo para imitá-lo com heroica fidelidade. Ao longo do dia, empenhavam-se em atender velhinhos, portadores de deficiência, crianças, pessoas famintas; à noite, atendimento dos doentes em seus domicílios. As mais jovens, por sua vez, trabalhavam nas fábricas de seda. Era um trabalho exaustivo, mas necessário para manter a comunidade com o minguado salário que recebiam.

Quanto aos seus sacerdotes, o Fundador, através de seu exemplo em viver a caridade, soube concretizar as magníficas palavras de São Paulo em Rm 12,14-16:

> Abençoai os que vos perseguem; abençoai e não amaldiçoeis. Alegrai-vos com os que se alegram; chorai com os que choram. Mantende um bom entendimento uns com os outros; não sejais pretensiosos, mas acomodai-vos às coisas humildes. Não vos considereis sábios aos próprios olhos.

Estupefatas e admiradas, as pessoas viam Pe. Guanella *inclinar-se* sobre os velhinhos doentes, prestando-lhes os serviços mais humildes e "repugnantes". Este adjetivo, quem o citou foi um padre ao visitar a Casa, vendo tantos empobrecidos abraçar Pe. Luís, que respondia com alegre ternura àquelas manifestações certamente nada agradáveis a muitas pessoas.

O discernimento das vocações

Todas essas fadigas cotidianas lançavam-se na conta da Providência: *ajuda-te que o céu te ajudará.* Ao término do século XIX (numerosos italianos também experimentavam os quatro "F" guanellianos), a Itália toma o rumo da industrialização. As mulheres trabalhavam no setor têxtil e os homens, nas fábricas. Mas as vagas eram insuficientes. No sul, por exemplo, tão somente a agricultura. Outras pessoas eram forçadas a emigrar, "rumo a terras distantes".

Muitos jovens, rapazes e moças, querendo servir o próximo (às vezes por outros motivos, nem sempre tão nobres, mas sim para aproveitar a oportunidade de obterem um diploma com reduzidas despesas), ingressavam nos seminários ou nos conventos. Mas quem optava pelo Pe. Guanella fazia-o impelido por um admirável impulso de caridade. Dir-se-ia outro padrão no tocante às "vocações" daquela época.

Atualmente, é plausível uma *re*-visitação histórica e sociológica aos seminários e conventos anterior ao Concílio Vaticano II. Quem o fez foi D. Sebastiano Dho, bispo de Alba. Ele não argumenta por ter ouvido falar ou dizer, mas sim a partir da sua experiência de seminarista, de padre e de bispo; e destaca com equidade luzes e sombras da formação cultural-espiritual dos candidatos ao sacerdócio e à vida religiosa. Quanto às sombras, o autor descobre uma homogeneidade generalizada dos candidatos; o assim chamado *efeito dominó*, ou seja, o risco de crises em diversos setores, oriundas do recrutamento na pré-puberdade e nem sempre com motivações claras ou partilhadas. É por isso que diversos candidatos permaneciam nos seminários ou nas casas religiosas com pouca ou nenhuma convicção, com escasso espírito crítico e insuficiente maturidade psíquico-afetiva. Prisioneiras do passado, tais pessoas não conseguem adaptar-se às devidas mudanças para bem exercer a sua missão. Todavia, com Pe. Guanella era diferente, graças à sua extraordinária intuição e conhecimento das pessoas.

O discernimento de que soube dispor foi de grande proveito na escolha de seus "aspirantes" ao sacerdócio. Até mesmo algumas podas dolorosas foram necessárias no pequeno seminário da Casa da Providência em Como. Ali havia em torno de quinze seminaristas. Alguns deles não aceitavam a disciplina, não obstante as advertências. Então, Pe. Guanella achou oportuno intimá-los a deixar a Casa naquele mesmo dia ou na manhã seguinte, o mais tardar.

Houve quem achasse excessiva tamanha severidade. Não o esperavam de um pai tão jovial e compreensivo. Ao que ele respondeu: "Há muita necessidade de religiosos para a nossa Congregação, mas não de preguiçosos e de indisciplinados. Se não os tivéssemos mandado de volta às respectivas famílias, quem sabe alguns prosseguiriam até serem ordenados, mas também acompanhados pela sua lassidão...". De nenhum modo Pe. Guanella tolerava a desordem. Por isso deixou escrito com todas as letras: "Em cada desordem, mesmo pequena, se exige cautela e se deve repará-la do mesmo modo como procede o barqueiro vendo a água penetrar em seu barco".

A Obra não interrompe sua atividade literária

Ao longo de nove anos – de 1881 a 1889 –, num breve mas intenso espaço de tempo, mesmo atarefado com tantas frentes de trabalho, Pe. Guanella publicou cinquenta escritos, nos quais se nota um persistente pessimismo. Parece uma contradição. Contudo, ao ler os livrinhos – lançados quais pedras contra os maus costumes, juntamente com a fé granítica deste homem de Deus –, percebe-se, outrossim, a beleza e o impacto de um testemunho que chega até nós não apenas por meio de palavras, mas espelhada em suas obras.

Nos escritos, Pe. Luís deixa às claras uma rigidez e uma doutrina moral típicas da educação austera oriunda dos montanheses em sua simplicidade peculiar. Com velada saudade no opúsculo *Il montanaro*, publicado em 1886, ele fala dos valores morais e religiosos assimilados e vivenciados em torno da mesa familiar, com o intuito de se proteger contra as aparentes inovações, que excluíam Deus da vida social e familiar. São palavras meditadas, escritas com simplicidade e paixão. Moral austera? De forma alguma! Por isso ele explica: "Quero agir em consonância com o Evangelho e ser espada de fogo no ministério santo. Estou aqui e me sinto feliz com Deus. Almejo continuar com meu sacrifício e cada dia alegrar-me com este povo, seja na dor, seja no sofrimento!".

O que Pe. Guanella tem em mente é a partilha das alegrias e dos sofrimentos das almas a ele confiadas. Portanto, um homem que vive o Evangelho, sem mostrar-se indulgente com os vícios e as fragilidades culpáveis das pessoas.

Sede batalhadores também vós! Empunhai as armas! Quando a pátria é ameaçada, todos devem assumir a militância. Quando a casa é assaltada por ladrões, todos devem defendê-la. Empunhai as armas! Os inimigos da nossa fé nos assaltam para desmantelar a nossa casa. Avante! Avante!

A arma com a qual o cristão deve combater consegue sua força a partir dos sofrimentos de Cristo: "Através deles vos defendeis dos inimigos e os trucidareis". Jesus, o Homem-Deus, luta e sofre conosco. Eis a razão de nosso coração: encher-se de esperança a partir do exemplo e da promessa de Cristo. A estupenda e dramática oração de Jesus no horto das Oliveiras, na véspera da sua Paixão, é a resposta cotidiana do Pai, que, do mais alto dos céus, ao volver seu olhar à terra, viu os homens, criados à sua imagem, envolvidos pelo vício e pela ignorância, condenados à eterna ruína. Por isso, movido de intensa compaixão, enviou o seu Filho Unigênito, Jesus Cristo, Deus como ele, a fim de assumir a natureza humana e arrebatar os homens do horrível abismo da perdição.

Graças à encarnação do Filho, o homem se adentra no coração e na intimidade do grande mistério da Santíssima Trindade. O amor do Pai é o mesmo amor misericordioso de Jesus.

A tua alma, em sua beleza, se assemelha a Deus, da mesma maneira como o semblante do filho se assemelha ao semblante do pai... Jesus apresenta o seu coração para te comoveres ao contemplá-lo. Jesus abre o seu costado para que possas ter vida e possas salvar outras pessoas ao penetrar em seu coração.

E conclui: "Através da caridade se salvam as almas".

Essas citações, hauridas do vasto campo de seus escritos, nos possibilitam entender quais são os princípios básicos da espiritualidade guanelliana. Nela está bem presente a devoção à Virgem Maria. Primeiramente, Pe. Luís a inculcava em seus paroquianos e depois em seus religiosos. No opúsculo *Nel mese dei fiori* destaca, com ternura filial, a vida pobre e humilde da Mãe do Redentor e nossa mãe. Sempre com muita devoção. Mais tarde agradecerá ao Papa Pio IX a proclamação do dogma da Imaculada Conceição. E comentando a encíclica *Quamquam Pluries*, de Leão XIII, ele sugere a recitação do "Rosário meditado", que refloresceu após insistentes convites de João Paulo II. Pe. Luís aproveita cada oportunidade para inteirar-se de algum aspecto que sirva de reflexão aos seus paroquianos. Eis como ele propõe a leitura da encíclica supracitada: "Meia hora de fervorosa oração em obséquio à magnífica encíclica do Papa Leão XIII datada de 15 de agosto de 1889".

A tensão espiritual, que impregna a Obra guanelliana, ultrapassa os confins da devoção e da própria espiritualidade para atingir, com o mesmo ímpeto, a esfera apologética. Para tanto, basta ter presente *Uno sguardo alla Chiesa militante* e os três volumes compilados naqueles anos: *Da Adamo a Pio IX*. Tudo isso para deixar às claras que o autor não tinha um conhecimento apenas superficial no tocante às questões que dividiram os próprios católicos e que naqueles anos atingiram a Igreja. É óbvio ser ele contrário à unificação do Estado pontifício com o reino da Itália, suscitando protestos e mais protestos pelo fato de Pe. Guanella não se limitar a combater qualquer juízo crítico quanto ao magistério do Papa, mas também por defender a sua absoluta soberania.

Contudo, trata-se de uma interpretação pessoal apologética daquelas vicissitudes políticas com o intuito de transpô-las ao plano moral, religioso e histórico: "A Igreja de Cristo é uma eira", afirma Pe. Guanella. "É necessário que nela sopre o vento da tribulação para separar a palha do bom trigo. A perseguição é uma prova, ou seja, um juízo do Senhor."

Os livros e os opúsculos – tanto os biográficos como os comemorativos – possuem a mesma característica apologética e didática. É fascinado pela figura de São Carlos Borromeo, modelo de perfeição sacerdotal. Admirava-o por ter assistido seu povo numa epidemia. No âmbito da preferência, volta-se aos santos que vivem em meio ao povo, mesmo àqueles classificados como "pequenos santos", como Santo Abôndio, bispo de Como.

Pe. Guanella elabora um breve perfil biográfico *em obséquio ao santo protetor da cidade e da Diocese de Como* por ocasião do décimo quarto centenário de sua morte e o apresenta como sendo um pastor manso, humilde e piedoso, "que, através do sacrifício eucarístico, entrava em comunhão com Deus. Lágrimas de ternura desciam pelos sulcos de seu rosto, chamas de caridade inflamavam seu semblante! Eis o Pai, nosso protetor, que lá no Alto nos congregará com um olhar de grande ternura".

Que o santo bispo de Como fosse um personagem de valor vem a testemunhá-lo o fato de o Papa São Leão Magno lhe ter confiado a delicada missão de ir a Constantinopla e organizar, com o imperador Teodósio II, a convocação do Concílio de Calcedônia (451). Os trabalhos artísticos o retratam chamando de volta à vida um menino morto, outras vezes em companhia de um cervo. Nisso poderia, até mesmo, ser invocado como protetor da fauna montanhesa.

VIII

"DEIXEM-NO FAZER O BEM", DISSE O BISPO DE COMO

"Quando estiverdes aniquilados,
Deus vos erguerá.
Não se deve levar em consideração
as inconveniências da vida,
das enfermidades, da morte.
Transformai-vos em vítimas
de Deus e da sua obra."

Quando da expedição dos "mil soldados" à Sicília, após o desembarque de Garibaldi em Marsala, já desde o primeiro combate com as tropas inimigas (*"truppe borboniche"*) os *"picciotti"* observavam o desenrolar da batalha para escolher o lado mais vantajoso. Desde o início do mundo sempre foi assim. Também Pe. Guanella pôde constatar em sua vida essas humanas incoerências. Em 1888, um pároco visitou o novo bispo de Como, Dom Nicora. O prelado lhe pediu que falasse de Pe. Guanella por ter ouvido algumas coisas estranhas a seu respeito. O pároco não se fez de rogado e respondeu: "É um padre meio louco".

Aguardando ser atendido, Pe. Guanella ouviu qual a opinião dos colegas a seu respeito. Àquela altura, o termo "meio louco" já soava como um elogio.

Transcorridos três anos, Pe. Guanella participou de uma peregrinação a Castiglione delle Stiviere pela passagem do quarto centenário da morte de São Luiz Gonzaga. Foi nessa ocasião que Dom Merizzi – vigário capitular da Diocese de Como, por sinal pouco benevolente com Pe. Guanella por motivo de sua diminuta prudência em seus empreendimentos caritativos –, encontrou o bispo de Guastalla, Dom Andrea Ferrari, há poucos dias eleito bispo de Como, e Dom Giuseppe Sarto, futuro Papa Pio X. Pe. Guanella se aproximou desse "trio" dando mostras de que tinha algo a dizer. E Merizzi se adiantou, prevenindo-os: "Eis o padre do qual falamos até agora".

Dom Ferrari respondeu meio que em tom de brincadeira, mas não tanto: "Ah... é aquele padre que *censuramos* à mesa". Foi o início de um diálogo fraterno entre o fundador e os dois pastores destinados a compartilhar com ele a glória dos altares.

O arrimo de Dom Andrea Ferrari

Em 25 de outubro de 1891, Dom Andrea Ferrari ingressou na diocese. Entre as pessoas presentes, Pe. Guanella. Na ocasião, o prelado fez um breve discurso. Foi o suficiente para todos se inteirarem de seus atributos pastorais: "Eu quero ser todo de Deus e todo vosso. Não importam as fadigas, a saúde e as coisas da vida; o que realmente conta é exercer o meu ministério para a glória de Deus e a salvação das almas".

Após a tomada de posse, as visitas do clero. Nem todos os sacerdotes – com exceção dos colegas de seminário – tinham noção da abrangência da Obra que Pe. Guanella implantara. Entre eles ninguém apostava em relação ao futuro. *Não dura*, não vai durar e não pode durar. Sempre a clássica e costumeira conclusão: Pe. Guanella dá o passo maior que a perna. E também muitas críticas no tocante à sua pessoa.

Tais comentários chegaram aos ouvidos de Dom Ferrari. Sem titubear, cortou o mal pela raiz: "Visitem as suas Casas e vos convencereis de que a sua obra não tem nada a ver com a prudência humana, mas sim com a prudência cristã". É *a prudência audaz*, com a qual tantos fundadores se defrontam com projetos humanamente impossíveis, e eles o seriam caso desconhecessem o segredo em comprometer a generosidade da Providência.

Pe. Guanella programara outras construções em sua nova propriedade em Como, à rua Tommaso Grossi. Iniciou com a reforma da capela. Ela não mais comportava o número crescente de assistidos; por isso o seu desejo era transformá-la em igreja "interna": ampla, linda e acolhedora. Pe. Guanella apresentou o projeto a Dom Ferrari e obteve a merecedora resposta: "Uma igreja exclusiva dos assistidos? Não! Não apenas a eles, mas também ao público em geral".

Alguns biógrafos se empenham em buscar paralelismos e aspectos comuns na vida desses dois baluartes da caridade. Um era montanhês, nascido nos Alpes; o segundo, oriundo de uma aldeia da região de Parma, ambos destinados a se encontrarem. Ambos ordenados sacerdotes aos 23 anos, quatro meses e sete dias atuarão no campo da caridade em Como e Milão. Para coroar a glória dos altares.

Mas que procedimento tomar para remover os obstáculos que se opunham à construção da grande igreja de Como com base nos precedentes atritos com as autoridades civis e eclesiásticas? Aqui, mais do que nunca, foram necessárias as três virtudes teologais: fé, esperança e caridade. Na Prefeitura temia-se pela falência do que Guanella construíra e estava construindo. Se isso acontecesse, a assistência pública deveria atender centenas de pobres coitados sem ninguém por eles. Em meio ao clero, temia-se, mesmo, por um escândalo, por causa da ideia fixa de Pe. Guanella em querer expandir excessivamente a sua Obra com o pretexto de fazer o bem.

A todas aquelas pessoas – incluídos os familiares, que lhe pediam moderação em sua febril atividade edilícia –, Pe. Luís respondia como de costume. Ele não receava nem hesitava em pôr a mão na massa para auxiliar e acelerar os trabalhos junto aos operários e aos seus assistidos. Mesmo assim, muitos ainda o recriminarão por dar o passo maior que a perna. A essas pessoas Pe. Guanella respondia recorrendo a um apólogo:

> Quando se constrói uma Casa, é preciso imitar a serpente; de pedra em pedra ela passa a cabeça e depois, aos poucos, o restante do corpo. É bem assim: inicia-se com um ou alguns prédios alugados, em seguida uma aquisição...

Mas, ao se tratar de uma igreja, não se inicia com a sacristia. É verdade que os fundadores agem também desse modo, como aconteceu com o bem-aventurado Pe. Tiago Alberione, que, na expectativa de construir o grandioso templo dedicado ao apóstolo São Paulo em Alba, em meio aos repolhos da horta construiu também a sacristia, onde, por longos anos, se aglomeraram alunos religiosos e irmãs. Pe. Guanella conseguiu, ao cabo de três anos, levar a bom termo a construção da pequena basílica (“*la basilichetta*”), dedicada a São José, entre as urtigas do bairro Trionfale em Roma. Nisso ele pôde contar, além do auxílio da Providência, com um generoso benfeitor: o Papa Pio X.

Entrementes, Pe. Guanella realiza um lindo gesto em obséquio ao novo bispo, Dom Andrea Ferrari. Envia-lhe uma missiva dando-lhe as boas-vindas, tendo em anexo um pacotinho com o artístico breviário do predecessor, Dom Carsana; e anexa uma apresentação de suas iniciativas beneficentes e as oportunas informações relacionadas com sua Obra, bem como uma cópia de suas publicações. E recebeu uma resposta comovente: "Ofereço-lhe de todo coração a minha humilde atividade naquilo em que ela possa ser útil".

Bastante extensa a resposta da missiva, bem ao estilo daquela época, todavia com elogios sinceros e o devido apreço no tocante à Obra do destinatário. Desconhecemos o conteúdo da carta de Pe. Guanella, mas, sabendo de sua facilidade para escrever, com certeza não deixou por menos.

O primeiro encontro – já citado – aconteceu em 10 de setembro de 1891, quando da peregrinação a Castiglione delle Stiviere, conduzida pelo vigário capitular Giacomo Merizzi. Quem sabe, ao deixar um pouco de lado os preconceitos no tocante ao fundador da Obra, o prelado deixava transparecer certa admiração por aquele "obstinado" montanhês, cujo desejo de fazer o bem lhe causara tantos problemas na diocese... Quem sabe considerá-lo louco ou meio louco seja um modo involuntário de exaltar a sua coragem. Na aventura da fé e da caridade, necessárias se fazem pessoas de tal envergadura, como o Nosso, acima das habituais diretrizes da economia. Na Casa da Providência, por incrível que pareça, uma iniciativa abria caminho a outra iniciativa, às vezes mais ousada, mas ela sempre chegava a bom termo. Foi o que aconteceu com a capela. A cabo de um ano, conseguiu-se construir uma igreja bem ampla com o aval e a ajuda do bispo.

Sim, Dom Andrea Ferrari aceitara o convite de Pe. Guanella para conhecer o local onde se construiria a igreja. Ali havia, tão somente, um pilar de pedras, erguido por um clérigo como suporte da imagem do Sagrado Coração. Dom

Ferrari, caminhando – ele que ouvira tantas coisas a desfavor de Pe. Guanella –, quis saber qual era o parecer de seu secretário. Por isso lhe perguntou: "Tu, o que pensas?". Ele procurou responder com o mesmo equilíbrio de Salomão e disse: "Excelência! A meu ver poderia ser esse o parecer: mesmo sem envolver diretamente a sua elevada autoridade, é preciso permitir-lhe ampla e absoluta liberdade de ação". E o bispo, mesmo sem recorrer à sua "elevada autoridade", fez calar os descontentes abrindo amplamente os braços para dizer: "Deixai-o fazer o bem!".

O que vem a seguir é uma seleta ("florilégio") de boas obras realizadas em sintonia e admirável colaboração entre Pe. Guanella e o seu novo bispo. Assim, num único triênio de atividade pastoral à frente da Diocese de Como, Dom Ferrari terá aplausos até mesmo da tribuna dos anticlericais, como consta num artigo de adeus do diário *La Sera*: "[...] desde a sua chegada jamais o vimos sentado, nem sequer por um minuto. Qual presença de Deus, podia-se vê-lo em todos os lugares: na montanha, na planície, junto aos lagos, nos vales, em todo lugar...".

Por ser da Lombardia, Pe. Guanella não deixava por menos em termos de laboriosidade. Basta recordar que em apenas um ano ele concluiu a construção da grande igreja dedicada ao Sagrado Coração, superando toda e qualquer previsão, mesmo as mais otimistas. Já no início de 1893 podia-se dar por concluída a construção da igreja. Ao redor, a casa dos padres idosos e as casas dos artesãos. Agora, as pessoas viam esse "padre de cabeça aquecida" com um misto de curiosidade e admiração, e não demorou muito para se transformar em estima e respeito geral.

De Como a Milão

Em 1894, concluía-se a fundação da Obra em Como e iniciava-se a etapa de Milão. Nessa rica cidade – sempre entre as primeiras a apoiar obras de caridade, independente de onde viessem – Pe. Guanella não esquece o ensinamento da serpente, que põe para fora a cabeça, entre uma pedra e outra, antes de se expor ao aberto. De nenhum modo o fascínio da grande cidade atraía o Fundador, rumo à capital da Lombardia; mas sim as oportunidades oferecidas pela cidade de Milão, em vista de uma ulterior expansão de sua Obra a favor de tantas pessoas empobrecidas, sempre numerosas nos grandes centros.

Bem humilde o início, com a abertura de uma creche à rua Panfilo Castaldi. A primeira assistida foi uma órfã, como relata Pe. Leonardo Mazzucchi: parecia "uma boneca com tamanho de três palmos, aproximadamente; seu leito – como não havia outro – era um baú sem tampa".

Em seguida, a segunda creche, à rua Cappuccini, mas com enorme diferença, ou seja: um salto em qualidade sob todos os pontos de vista. Era uma casa magnífica, como atestam Tamborini e Preatoni no texto *Il servo della carità*, "circundada de jardins e arborizada, com pórticos e terraços, onde, de imediato, acorreram cem crianças, um grupo de portadores de deficiência e também alunas das escolas normais circunvizinhas. Nesse local, em torno a Pe. Guanella, formou-se uma Comissão de magnânimos benfeitores, entre os quais distintos sacerdotes e generosas senhoras, auxiliando-o na difusão da Obra".

Com certeza ele contava com a generosidade daquelas senhoras, mas acima delas e bem mais ele confiava na Divina Providência quando, sem pestanejar, assinou o contrato para a aquisição de um grande imóvel, contíguo à Igreja de Santo

Ambrósio ad Nemus. Durante quarenta anos ali residiram os sacerdotes doentes e idosos da Diocese de Milão. Na aquisição ele se comprometia a pagar cento e dez mil liras quando tinha em caixa apenas três mil liras. O remanescente chegou no momento oportuno.

Sempre neste contexto, ele conta com o apoio e a generosidade do arcebispo de Milão, Andrea Carlo Ferrari, agora em veste de cardeal e pastor de uma diocese tão importante. Pe. Guanella não deixa de lembrá-lo: "Como de costume, também hoje e com muito amor ele auxilia em Milão a nossa obra de Santo Ambrósio ad Nemus, dando-nos contínuas provas de sua afabilidade". E segue o elenco das numerosas visitas do cardeal, muitas vezes de improviso, pela alegria em surpreender o amigo Pe. Luís e vê-lo na primeira fila no alegre serviço prestado aos "bons filhos" e às "boas filhas".

No informativo *La Divina Provvidenza* de fevereiro de 1893 deixou escrito:

> A intenção seria bem essa de saciar a fome de tantos inocentes com um prato de sopa ao meio-dia. Se isso acontecesse, seria uma dádiva para tantas crianças e uma valiosa ajuda às mães operárias, que devem, ao longo do dia, deixar em casa seus queridos filhos para trabalhar.

A Milão dos movimentos populares e da multidão de pobres manifestantes (desempregados e famintos) oferecia a matéria-prima para o exercício da caridade. Por ter convivido com a pobreza e partilhado a labuta dos trabalhadores, Pe. Guanella sempre deixara claro, particularmente em seus escritos, que se tratasse a questão operária não só com prudência, mas também com determinação. "É necessário amar e auxiliar muitíssimo o povo empobrecido" a partir das crianças. Era justamente a elas que "desejava oferecer um prato de comida quente", enquanto os pais trabalhavam.

Na vida deste apóstolo da caridade constam diversos itens para enfrentar tantas tragédias humanas, até mesmo com uma justiça mais distributiva.

Sempre se preocupou em responder ao grito lancinante do Evangelho: as crianças imploram por um pedaço de pão, mas não há quem o ofereça. Em 1900, após os levantes de 1898, quando são numerosos os casos na Itália, em vias de reestruturação financeira, ele escreve: "[...] a infância, exposta a tantas sevícias, físicas e espirituais, implora não apenas da caridade cristã, mas também da solidariedade humana, ser libertada deste embrutecimento".

Em pauta, no Parlamento, o trabalho de menores. Mães e pais rumavam à cidade, antes de amanhecer, com os filhos nos braços, ainda adormecidos. E quando apitava a sirene, essas crianças também se encaminhavam ao respectivo local de trabalho, onde permaneciam por horas e horas a fim de transportar pequenas cargas de carvão ou tijolos. A lei Luzzatti, aprovada no Parlamento graças à discussão acirrada dos socialistas naquela época, proibia o trabalho noturno às crianças abaixo dos doze anos. Quanto ao trabalho diurno, não mais que doze horas por dia. E parecia tratar-se de uma grande conquista...

IX

PADRES PACIENTES OU ERUDITOS?

"No caminho da vida, desta vida tão perigosa,
encontrar bons amigos nos conforta.
Conforto maior, todavia,
é encontrar amigos bons e poderosos."

Madre Teresa de Calcutá, como bem sabemos, jamais titubeou em estabelecer laços de amizade com personagens poderosos e ricos. Ela não dava ouvidos às críticas de quem quer que fosse ao se escandalizar com o seu procedimento. Diante das críticas, sempre respondia com franqueza que o dinheiro dos ricos benfeitores lhe possibilitava socorrer os pobres. Em termos, tal atitude é a mesma de Santa Teresa de Ávila, ainda hoje motivo de escândalo para tantos pensadores: "Teresa a sós não é nada, Teresa com Jesus e o dinheiro é uma potência". A monja empreendedora se interessava em construir novos conventos, Teresa de Calcutá oferecia um teto aos pobres que agonizavam e morriam nas calçadas de Calcutá.

Pe. Guanella também agia imbuído desse espírito. Sabia que a necessidade de fazer uso do dinheiro não significava tornar-se escravo. Concluída a linda igreja, dedicada ao Sagrado Coração, em Como, iniciaram-se as peregrinações.

Vieram muitas pessoas da Lombardia, acolhidas pelo próprio Pe. Guanella quando podia. Certo dia, um jovem clérigo pediu para passar a noite na Casa da Providência. Era o dia 12 de setembro de 1899. Nessa data o maestro Pe. Lorenzo Perosi apresentava o oratório *Natal do Redentor* na Catedral de Como. Com certeza, uma oportunidade especial para um clérigo de outra diocese assistir à apresentação. Ao anoitecer, o clérigo teve de buscar um alojamento. É óbvio que devia ser numa casa religiosa e não num albergue, que, além da despesa, era vetado a quem usasse a veste talar. Sendo essas as normas, foi, então, bater à porta da Casa da Providência. Felicíssimo por acolhê-lo, Pe. Guanella conduziu-o a um quarto bem amplo, um gesto sempre lembrado por esse clérigo: "Conduziram-me ao andar superior, onde encontrei um quarto bem amplo. Estava bem limpo e ordenado; tenho-o ainda em minha mente".

Esse clérigo, eleito Papa em 1958, quem era? Nada mais que João XXIII, o Papa da bondade. Um poderoso de grande envergadura porque o amor é a potência de Deus, como consta na Sagrada Escritura.

Um grande amigo: Pio X

A abertura de novas casas para acolher os necessitados exigia atenção e grande solicitude pelas "vocações".

Quando esteve em Savogno, Traona e Pianello, Pe. Luís contatou muitos candidatos e candidatas à vida religiosa. Quase sempre os acompanhava pessoalmente, encaminhando as jovens à instituição do Cottolengo e os jovens ao Oratório de Dom Bosco, ambas em Turim. Esse recrutamento fomentou a hostilidade de muitas pessoas, alimentando – como bem sabemos – a raivosa contestação pichada nos muros: cuidado com este padre que deseja transformar a nossa região num convento!

Agora, também ele necessitava de numerosas vocações para a Casa da Providência. Alguns se apresentaram espontaneamente, como foi o caso do jovem Giovanni Calvi. Ele conhecera Pe. Guanella em Pianello. Aproveitando uma folga, viajou até Como. A irmã que lhe abriu a porta pensava tratar-se de um estudante em busca de comida. Por isso dirigiu-se apressadamente à dispensa e retornou com um copo de vinho e um prato de castanhas. "Fico muito agradecido, disse o jovem, mas poderia encontrar-me com Pe. Guanella? Ele me conhece desde que fui seu paroquiano em Pianello."

O jovem, após um tempo de experiência, decidiu tornar-se sacerdote e solicitou a Pe. Luís para agregar-se à sua família religiosa. Foi acolhido de braços abertos. Em 1895, foi ordenado sacerdote, o primeiro dentre tantos padres em contínuo aumento nas fileiras dos *Servos da Caridade*. Eis a nova designação, em 1905, substituindo o nome anterior, desde 1894, *Filhos do Sagrado Coração*. De filhos a servos. Eis a realidade!

No mesmo ano, o Cardeal Ferrari ordenou o segundo sacerdote, Pietro Moroni, oriundo da Diocese de Milão. O Fundador conseguiu transformá-lo num padre ativo entre os órfãos e os idosos necessitados. Tudo somado, uma longa sequência de sacerdotes. No mais, com base na experiência com os salesianos em Turim, focava as vocações adultas. Imaginemos a sua alegria ao acolher dois jovens apresentados por um pároco: "Querem ser padres. São pobres, mas dois bons e ativos carpinteiros. Faça-os estudar e se alegrará com eles". Foi o que aconteceu com os dois jovens, entre tantos.

Pio X o encorajou a não exigir demasiadamente em termos de currículo escolar ao lhe dizer: "Pe. Guanella, vossa

Obra necessita mais de padres pacientes do que de padres eruditos".

Quando estudante, Giuseppe Sarto, eleito Papa em 1903, percorria cada dia, de Riese a Castelfranco Veneto, em torno de vinte quilômetros para frequentar a escola. E fazia o trajeto de pés descalços para não gastar a sola dos sapatos. Por isso mesmo reconhecia a necessidade de um bom currículo para abraçar o sacerdócio. "E estejam sempre atentos para que os textos filosóficos à disposição dos jovens se inspirem nas *Sumas* dos doutores da Igreja, priorizando Tomás de Aquino." E não deixou por menos, vindo a decretar que em todos os cursos de liceus e universidades católicas fossem obrigatórias as duas *Sumas* desse santo doutor: a *Suma contra gentiles* e a *Suma theologiae*.

Muitos estudiosos, tanto antigos como atuais, discordam dessa determinação de impor, sem restrições, um texto filosófico. Nesse caso, toda a obra teológica de Tomás de Aquino, mesmo confirmada com numerosas adesões. O temor do modernismo aconselhara o bondoso Papa Sarto a opor-se ao vento da contestação ou à sábia inserção do pensamento cristão atrelado às novas correntes filosóficas do Norte. Quem tentou foi o santo filósofo, Antonio Rosmini. Mas nada conseguiu. Tão somente após um século e meio foi possível recuperar a preciosidade de seu pensamento. Isso aconteceu quando da sua beatificação em 18 de novembro de 2007, assinada por Bento XVI, o papa teólogo e filósofo. *As cinco chagas da Santa Igreja* foram um mal-entendido (ou um pretexto) para remeter ao ostracismo a sua filosofia do *ser*, um conceito que Rosmini se esforçava em vão por fazer penetrar numa mente tão lúcida como a de Manzoni, levando-o a "entender a profundidade e a extensão deste conceito!".

A formação

Pe. Guanella escreve: "De tempos em tempos surgirão outras vocações de adultos. Elas se interromperam a causa de diversas circunstâncias, que poderemos considerar providenciais. Sim, o homem propõe e Deus dispõe; o homem se agita e Deus o guia". Mais tarde dirá: "Não necessito de jovens inteligentes e ricos, mas sim de braços robustos pra trabalhar e muita humildade para obedecer".

Pode acontecer que a regra do *discernimento* vocacional impeça o acesso ao sacerdócio ou à vida religiosa de jovens em condições de realizar um fecundo apostolado. Doenças, crise de identidade, mal-entendidos instantâneos ou erros de discernimento dos diretores espirituais... tudo isso possibilitou a Pe. Guanella considerar tais impedimentos, considerando-os *obstáculos providenciais* a serem descobertos e, assim, recuperar ótimas pessoas para as suas Casas.

Relata Pe. Mário Carrera que

Para visitar o passado dos Servos da Caridade, deve-se priorizar o coração e não o senso crítico. Empenhado em múltiplas tarefas caritativas, Pe. Guanella não dispunha de muito tempo para se dedicar a um meticuloso trabalho de formação de seus sacerdotes. Apelou ao coração e às necessidades dos pobres ao abrir as portas não apenas a jovens seminaristas, mas também a sacerdotes diocesanos em busca da perfeição. Mesmo assim, os primeiros sacerdotes guanellianos manifestaram grande zelo e sensibilidade pastoral, mesmo desprovida de uma formação específica para a vida religiosa e, portanto, para uma vida comunitária de relacionamento com os coirmãos na diversidade de caráter, zelo e sensibilidade pastoral.

Passou o tempo das grandes instituições de caráter contemplativo, de penitentes ou de pregadores, assim pensa Pe. Guanella; tudo indica, no atual momento histórico, que a Divina Providência queira se deliciar na escolha dos "*infirma mundi*", ou seja, pessoas de origem humilde convidadas a se tornarem Apóstolos da Caridade, quais pioneiros no exercício das obras de misericórdia.

Os seus padres, ele os chamava *burrinhos*, obviamente sem querer ofendê-los. "Deveis ser bons, pacientes e em condições de carregar continuamente um fardo de sacrifícios e de humilhações, satisfeitos com poucas coisas e felizes quando, em termos de recompensa, advirem deliciosas chicotadas."

O método de acolher vocações, de formar aquelas adultas, era o mesmo adotado na escola de Dom Bosco: "[...] conhecer a índole da pessoa, sua atitude em cuidar dos enfermos e manter a disciplina dos assistidos". Em outras palavras: unir teoria e prática. E o seu plano de ação ele o concluía com estes termos: "O Servo da Caridade, à noite, após um dia de trabalho, deveria recolher-se ao seu quarto tão cansado como se tivesse levado umas boas bordoadas".

O *ora et labora* dos beneditinos, na Casa da Providência, ultrapassava o dos próprios beneditinos. Para o recreio, em sua opinião, bastava alternar a ocupação, ou seja, passar do estudo ao trabalho manual, como salientava um outro bem-aventurado, Tiago Alberione (1884-1971), fundador da Família Paulina e convicto admirador desse método. Tal trabalho manual, na prática, consistia em trabalhar de pedreiro, de tipógrafo, atividades associadas ao estudo, à oração e à assistência aos doentes.

Está escrito: "Cada coisa traz satisfação, cada coisa gera alegria, uma alegria sempre nova e sempre igual no homem imbuído do bem".

Santo Tomás de Aquino salienta que existe um prazer moral, uma paixão quando se pratica o bem. Teria sentido realizar o bem a contragosto? Essa lição Pe. Guanella a dava todos os dias não só através da palavra, mas, sobretudo, pelo exemplo. Pe. Alberione ensinava o latim aos seus primeiros jovens enquanto preparava a polenta. Certo dia, sempre em latim, ele se aventurou a perguntar a um de seus alunos: "*Quid est substantia?* [O que é a substância?]". Sem pestanejar, o aluno respondeu: "Substância é o perfume da polenta cozida que se coloca no tabuleiro, associada ao apetite juvenil". Mas como a interpretação não concordava com a metafísica, disse: "A fervura...". Sim, todo início é difícil, e a Providência – uma ou mais vezes – exige de seus filhos alguma penitência.

Quem faz um retrospecto e analisa o caminho percorrido depara-se com muitos obstáculos. Isso aconteceu com a Congregação dos Servos da Caridade. O *Decretum laudis* foi concedido tão somente em 15 de agosto de 1912, assinado por Pio X.

Qual a razão dessa demora? Já se salientou o temor de iminentes perseguições contra os religiosos, como ocorrera na França, com a confiscação dos bens. Pe. Guanella – assíduo frequentador do Vaticano após se estabelecer em Roma –, expressou seus temores ao próprio pontífice perante essa ameaça e obteve uma perspicaz resposta: "De vós poderão encampar, quem sabe... um pouco mais do que deficientes e paralíticos".

Houve quem destacasse a atitude de Inácio de Loyola ao subestimar a competência da mulher no campo da evangelização. Isso não aconteceu com José Bento Cottolengo nem com Dom Bosco e muito menos com Pe. Guanella. Bem pelo contrário. Eles entenderam o grande valor da Obra e da presença feminina na evangelização. Por isso iniciaram suas instituições contando com a generosa colaboração das mulheres.

Recordamos Pe. Carlo Coppini em Pianello Lario. Em 1872, ele fundara a Pia União das Filhas de Maria Imaculada, confiando-as à proteção de Santa Úrsula e Santa Ângela Mérici.

O entrosamento de tantos personagens ilustres foi muito propício, a tal ponto que Pe. Luís, na condição de vigário administrador de Pianello Lario, sentiu muito ao deixar de ser o pároco de uma aldeia contígua para envolver-se com a fundação até que a superiora da Pia União, Marcelina Bosatta, se imbuísse do valor de sua atividade, como já salientamos.

Pe. Guanella, portanto, recolheu a preciosa herança de Pe. Coppini, renovou a Pia União, mudando o seu nome para: *"Crocine" do Sagrado Coração, Filhas do Sagrado Coração, Apóstolas do Sagrado Coração* e, por último, *Filhas da Providência* para chegar ao nome definitivo de *Filhas de Santa Maria da Providência*.

As Filhas de Santa Maria da Providência

É bem provável que o nome *Crocine* não fosse o mais apropriado ao âmbito vocacional. O nome, segundo os romanos, é um presságio *nomen omen*, um destino e não mera etiqueta. Contudo, era a cruz que o novo Fundador apresentava àquele pequeno grupo de heroicas mulheres, denominadas *martorelle*, "pequenas mártires".

Para orientá-las, ele publicou o texto *Il fondamento*, onde se descobre o porquê da escolha dos nomes *Crocine* e *pequenas mártires*. O *Estatuto das Filhas de Santa Maria da Providência* foi publicado em 1897. Nele consta a fundamentação da vida das irmãs, mais tarde codificada pela Constituição e aprovada definitivamente em 19 de maio de 1917.

Ali se declara a finalidade (é óbvio que a primeira é a santificação de cada irmã):

> Internar crianças órfãs e empobrecidas para encaminhá--las ao trabalho; internar em repartições adequadas mulheres adultas com deficiência mental ou doentes necessitadas de assistência, em condições de prestar algum serviço, idosas sem condições de se manter por causa do peso dos anos, ou por causa de alguma doença crônica.

Com esses princípios basilares no coração, a santificação – seja da vida, seja da própria Obra – se efetiva ao longo do caminho cotidiano. Em meio àqueles muros, há como ficar repleta dos favores da Divina Providência.

Pe. Guanella conseguiu *formar suas Filhas* capacitando-as para enfrentar sacrifícios heroicos: Com o passar do tempo, "na Casa da Divina Providência criou-se a convicção de que para consolidar uma nova fundação seria oportuno o sacrifício voluntário de uma ou algumas de suas queridas Filhas, quais pedras angulares adamantinas, para carregar o peso e assumir o mais oneroso, o mais difícil". Como já se salientou, alguém poderia servir-se disso para apregoar aos quatro ventos que Pe. Guanella violentava a consciência das irmãs plagiando-as com essa sua exaltação ao martírio. Uma acusação, portanto, de fundamentalismo. Mas Pe. Luís se opõe. Em carta enviada ao bispo, ele responde com insólita firmeza: "Convicto estou de que as humilhações são indispensáveis ao longo do caminho que leva à imitação de Cristo, mas não aceito que esta minha ação prejudique uma instituição pela qual sempre me dispus a dar a vida; *por isso o meu clamor diante de Deus e dos homens.*

De todas as coirmãs se esperava "santa aversão ao pecado e busca constante do bem. Contudo, rezar e sacrificar-se secretamente não bastava a uma Filha da Providência: É preciso que ela assista os irmãos sofredores em todas as necessidades e feliz dela se, ao atender pessoas de doenças contagiosas, lhe seja dada a graça de aspirar à palma do martírio".

Atualmente, quem ousaria propor tais heroísmos? Um bispo – admirado com o atendimento das irmãs à humanidade sofredora –, assim se expressou: "Nós, padres, jamais teríamos condições de fazer o mesmo".

Pe. Luís Guanella não ficou apenas na exortação às suas pequenas mártires, às suas *martorelle*, em oferecer o extremo sacrifício, caso fosse necessário. Ele precedeu com o exemplo, enfrentando tais riscos, e pôde dizer-lhes sem titubear:

Para muitas de vossas coirmãs – as que morreram quando da expansão da Casa em novas fundações, sem dispor de meios, de nenhuma ajuda, ou mesmo aflitas por causa das tribulações e prolongadas enfermidades, como aconteceu com a irmã Clara Bosatta e outras numerosas irmãs da Casa já falecidas –, acreditamos que atingimos um altíssimo grau de perfeição, aceitando com gratidão o sofrimento da maneira como ele se apresenta, ou, ainda, almejando cruzes ainda maiores.

Eis a explicação de *Crocine*, o primeiro nome das irmãs:

Elas preferiam os alimentos mais simples, o colchão mais duro, o quarto com o mínimo de higiene possível, os trabalhos mais pesados, mais ingratos e difíceis, e sempre o último lugar.

Parafraseando o Sermão da Montanha, Pe. Guanella assim lhes dizia:

Bem-aventuradas sois vós quando, nos corredores dos hospitais, na assistência a pessoas feridas e malcheirosas, ofereceis as vossas vidas qual odor de incenso a Deus, felizes em poder consolar as pessoas que sofrem com a plena doação total do vosso ser.

X

PADRE GUANELLA FALA POUCO, MAS TRABALHA MUITÍSSIMO

"Pe. Guanella acreditava na miséria do povo,
mas nunca com aquela credibilidade
que impossibilita distinguir a verdadeira pobreza
daquela mal-intencionada.
Por isso, de coração, ele se envolvia
com os sofrimentos do pobre,
a ponto de dedicar-lhe todas as forças."
(Card. Andrea Carlo Ferrari)

"Não merecemos louvores, mas censuras"

Para entrar em sintonia com as palavras de Cristo, que adverte os seus discípulos de se considerarem servos inúteis após terem trabalhado na vinha do Senhor, Pe. Guanella segue à risca tal norma. Após a primeira visita do novo bispo de Como, Dom Valfré, não deixou findar o dia para lhe enviar esta mensagem: "Excelência, sinto ser necessário adverti-lo para não nos proporcionar demasiadas regalias. Nós não as queremos e, quem sabe, poderíamos abusar delas. Não merecemos elogios, mas admoestações pelo pouco bem que praticamos e por tantas omissões...".

Para mantê-lo na humildade – caso fosse necessário após tantas realizações no campo assistencial em prol dos necessitados –, quem pensava nisso eram os acintosos críticos. Nem todos os sinos repicavam festivos a cada nova instituição do fundador: era, sim, uma obra de caridade, mas havia quem pensasse e torcesse pelo seu fracasso. Críticas incessantes chegavam aos ouvidos do Bispo Dom Andrea Ferrari e de seu sucessor à frente da Diocese de Como.

Já conhecemos a resposta de Dom Andrea Ferrari: "Deixem-no fazer o bem ao povo". Com o transcorrer dos anos ele confidenciou que as numerosas visitas, não agendadas para retribuir tantos gestos de afetuosa amizade, no início eram tidas como um "compromisso" do pastor da diocese para verificar se as vozes discordantes e maldosas a ele comunicadas tivessem sustentação. "Quando assumi a Diocese de Como, havia pessoas que se opunham a Pe. Guanella. Quis me certificar do que se tratava, do porquê dessa rejeição. Por isso seguidamente eu visitava o seu instituto sem mesmo avisar. Desse modo me convenci de que Pe. Guanella é um santo". Eis a explicação do amigo bispo: na Casa da Divina Providência não havia antessala. Isso é verídico. Antessala nem mesmo ao prestar uma ajuda: "Quando preciso internar uma pessoa ele me responde: mande, mande à Casa da Divina Providência". Não se mencionavam pagamentos, mensalidades, nem mesmo o número de hóspedes, em contínuo aumento. Por isso novas construções se faziam necessárias; por isso mesmo os débitos eram uma constante.

A tecelagem Binda

Dívidas! Eis, dentre as críticas ao ativismo de Pe. Guanella, o principal alvo. Não por a cidade de Como ser menos generosa que Milão e deixar de lhe estender a mão para sair do vermelho. Contudo, as dívidas não eram permanentes, apesar da preocupação de Dom Teodoro dei Conti Valfré di Bonzo, transferido de Cuneo para assumir a Diocese de Como, onde tomou posse em 18 de abril de 1894.

Preocupações infundadas todas elas, pois a Obra se alicerçava na Providência. Desse modo, após vários desencontros e algumas advertências paternais ou prudentes, o bispo muda de parecer mais que convicto, resignado: "Faça o que quiser. Não há como discutir com os santos".

Muitas vezes recomendara não se endividar, mas Pe. Guanella lhe respondia: "Excelência, contraí um débito de quarenta mil liras. Acabo de comprar a velha tecelagem Binda. A Providência vai dar um jeito".

Muitas pessoas – a partir do próprio bispo – tinham os olhos voltados para a Binda a fim de comprá-la. O bispo queria transformá-la em asilo para acolher os padres idosos; o município, em hospital para tratar pacientes com doenças contagiosas. O hospital Santa Ana se adiantara para destiná-lo aos doentes mentais, os loucos, como diz Pe. Guanella. Interessada, também, uma indústria da Alemanha para construir, no local, uma fábrica mais lucrativa.

Mas nenhum interessado teve a coragem em desembolsar as muitas milhares de liras. O único foi Pe. Guanella, apesar dos apelos de prudência vindos de todas as partes. Ele tinha uma firme convicção: "Eu já experimentei: quando se faz por dez, vem por dez; quando se faz por cem, vem por cem. Faltava dinheiro tão somente quando diminuía a coragem e se tinha pouca confiança".

Uma vez que bateram em retirada os demais comprado-res interessados, segundo relato de Pe. Guanella em suas memórias,

> o amplo local – denominado Santa Maria de Lora – foi adquirido por mim pela quantia de quarenta e cinco mil liras. Ali realizamos algumas reformas e ampliamos o prédio; agora se comenta que é dos maiores prédios da região, acolhendo trezentas pessoas internas, num local dentre os mais saudáveis e amenos de Como e arredores... Tudo graças ao vendedor, senhor Baserga, que facilitou o pagamento. Entrada: três mil liras. O restante ficou a cargo das disposições da Divina Providência. Era o dia primeiro de maio de 1897.

Com esta garantia Pe. Luís não titubeou em assinar o contrato para a compra da antiga tecelagem e do terreno adjacente. De seu proprietário conseguira estipular o preço e as modalidades de pagamento, possibilitando certo respiro. O fato é que – raspando os cofres – se conseguiu, a muito custo, a quantia necessária para garantir a compra. Para saldar o restante da dívida, Pe. Guanella, como de costume, confiava no banco da Providência.

Seria bem compreensível pensar que tantas preocupações o impedissem de conciliar o sono à noite. Muitos amigos suspeitavam disso, perplexos com a sua audácia. Como isso é possível? Como se faz? "Pergunta inútil", responde Pe. Guanella. "É Deus quem faz."

Entre os amigos que se preocupavam com a sua saúde encontrava-se também o Papa Pio X. Por ocasião de uma audiência ele lhe perguntou: "O senhor consegue dormir à noite?". Pe. Luís lhe respondeu: "Sim, Santo Padre, e algumas vezes também ao longo do dia". "São muitos os aborrecimentos?" "Não, Santo Padre, porque até a meia-noite eu penso e sei que depois da meia-noite é Deus quem pensa."

A tal resposta nem mesmo Pio X teve palavras para responder. "Eis revelado o mistério", acrescenta Pe. Guanella, "eis revelada a lição a quem deseja interiorizá-la e colocá-la em prática. Que tal se até mesmo as pedras falassem..." De fato, quem ingressa na bela igreja dedicada a Santa Maria da Providência pode ler o que ali se escreveu em letras monumentais: *Banco da Divina Providência.*

Ao se depararem com essas lindas palavras, há peregrinos que continuam perplexos ao pensar nas sucessivas oscilações bancárias desde o início do século XIX até hoje. Mas aqui se fala de um homem que acreditou com inabalável confiança na Providência, superando obstáculos ultrapassados tão somente com a ajuda do Céu.

Entre os interessados da tecelagem, como já se salientou, encontrava-se também Dom Valfré. Mas as suas contas não fecharam. Imaginemos, então, o que aconteceu com ele quando Pe. Guanella lhe disse num outro encontro: "Excelência, adquiri mais uma propriedade, uma linda casa de campo em Menaggio. Recebi de presente com um saldo devedor de quarenta mil liras...". "Imagino", respondeu o bispo, "que pagareis, com este presente da Providência, o débito da tecelagem Binda".

Pe. Luís não proferiu palavra, mas podemos imaginar a expressão de seus olhos. E o bispo concluiu: "Vá e faça aquilo que deseja fazer, porque a Providência está convosco".

Numerosas as pessoas fazendo as contas como se tivessem as mãos no bolso de Pe. Guanella: "Porque planeja outras construções e não pensa em concluir, com aquele dinheiro, a antiga tecelagem que conseguiu arrancar das mãos dos concorrentes com incrível cara de pau?". Óbvia a resposta:

"Como parar se há novos pobres aos quais prover?". Pobres não havia apenas em Como ou arredores. Eram numerosos naquela época em toda a Península. A crise social de 1898 foi a prova exata em sua dramática extensão.

A crise econômica se manifestou em toda a sua violência no Sul, a partir dos *slogans* sicilianos que atearam o fogo da violência. Ninguém conseguiu contê-lo. Qual mancha de óleo, ele se espalhava de cidade em cidade até chegar a Milão. O governo recorreu ao estado de sítio. O povo, atingido pela fome, respondeu com barricadas, pedia pão, mas o trigo, vindo do exterior, demorava a chegar. No entanto, os preços continuavam subindo, exasperando o povo que se aglomerou na praça, ameaçador.

Em 6 de maio, os operários da Pirelli se confrontaram com a polícia (*carabinieri*). Houve muitos mortos e feridos. O general Bava Beccaris recebeu plenos poderes e ordenou que a tropa abrisse fogo contra o povo, até mesmo com a artilharia, como ocorreu junto à Porta Ticinese...

Naqueles dias Pe. Guanella encontrava-se em Splügen para a bênção da pedra fundamental da nova igreja. Mais um lindo capítulo da sua história. Ao inteirar-se do fato, retornou imediatamente a Milão para estar ao lado de seus filhos em perigo. E é bem dessa data (9 de maio) a carta que ele enviou à Irmã Marcelina Bosatta para relatar o que ocorrera: "Aqui em Milão um grande massacre. Houve batalhas. Os hospitais estão repletos de feridos e muitos os mortos. Uma crueldade jamais vista".

O mundo todo é sua pátria

Qual a razão de sua estadia em Splügen no território dos Grisões? Estivera ali em convalescença, por causa de uma pleurite, e percebera a falta de uma Igreja Católica na vasta região frequentada por operários italianos, sem a assistência de um sacerdote. Pe. Guanella, num período desfavorável a projetos considerados inoportunos, teve a ideia de construir ali uma igreja com a bênção e a ajuda concreta do bispo de Coira, Dom Battaglia.

No início de maio de 1898, encontrava-se de novo na montanha para o lançamento da primeira pedra. Por sinal, um bom motivo para a permanência de alguns dias na expectativa de que na planície tudo voltasse à normalidade. Mas lá os tumultos não cessavam e Pe. Guanella – como já se disse – quis permanecer com seus filhos em meio ao perigo. Mais tarde, uma vez passada a tempestade, retomou a estrada do Splügen e participou (10 a 12 de setembro) dos festejos de inauguração da igreja. Assim se realizava o seu antigo sonho "missionário": oferecer àquela gente um testemunho de fraternidade... e de oração comunitária em nome do Pai de cada um de nós.

A partir de então se torna difícil seguir os passos de Guanella em todos os deslocamentos, visto estar atarefado com novos projetos de expansão da sua Obra. Com frequência eram as suas "spigolatrici" – nome dado às suas irmãzinhas – que faziam este trabalho de divulgação. De aldeia em aldeia propagavam a Obra, suas atividades e necessidades, ou, mesmo, sugerindo ocasiões, oportunidades, soluções.

Em *Belgioioso* tiveram a mais bela surpresa com o pároco, Pe. Ângelo Scotti. Mesmo sem jamais ter ouvido falar de Pe. Guanella e da sua Obra, ele entendeu – a partir do que as irmãs diziam –, que estava por nascer, na Igreja, uma nova e admirável congregação voltada a inclinar-se sobre as feridas dos marginalizados, à imitação do bom samaritano.

Pe. Scotti, portanto, manifestou seu interesse em acolher na paróquia as Filhas de Santa Maria da Providência.

Tornava-se viável adquirir uma casa bem ampla com vinhas, horta e jardim. Até mesmo Garibaldi a escolhera como residência provisória quando da segunda guerra da Independência. O Bispo Agostino Riboldi abençoava e encorajava a aquisição do prédio. Dito e feito. Pe. Guanella fez o negócio e iniciou os trabalhos para abrir uma nova Casa.

A reestruturação onerou em outra despesa justamente num momento assaz difícil para o caixa da Obra. Era o dia de Todos os Santos de 1895 quando ocorreu um incêndio na Casa de Como, inclusive na igreja dedicada ao Sagrado Coração. Naquele dia Pe. Guanella encontrava-se em Milão e estava celebrando a Santa Missa na igreja de Santo Ambrósio ad Nemus. Ele recebeu o telegrama aos pés do altar. Foi só o tempo de depor os paramentos para retornar a Como, às pressas.

Assim ele descreve a cena no boletim *La Divina Providenza*, em dezembro daquele ano: "[...] vozes, gemidos e depois gritos de dor se fazem ouvir na igreja; também o odor da fumaça com vozes que indicavam o alastrar das chamas em lugares contíguos à igreja".

O incêndio exigiu muito dos bombeiros. Eles trabalharam o dia todo para conter as chamas. Quando o conseguiram, Pe. Guanella pôde limpar a igreja até onde foi possível. E convocou seus filhos e filhas para entoar um *Te Deum* de agradecimento. Todos ficaram estupefatos! Não entendiam o porquê daquele agradecimento em meio à assustadora tragédia. Tratava-se de um agradecimento a Deus por ter preservado a Casa de uma completa devastação. Sim, podia ter sido pior! Os danos materiais se repõem.

"Quando aniquiladas" – como dizia Pe. Luís às suas irmãs –, "Deus vos erguerá. Não levem em conta os dissabores da vida". E lhes indicava como proceder para conseguir o auxílio divino: "Deveis ser sacos repletos de pai-nossos!".

A singular expressão consta do estilo guanelliano, popular, portanto prático e eficaz.

A mansão de Belgiosio pareceu ser a resposta exata a tantas preces. Uma boa estrutura para acolher os primeiros pobres, desamparados. Pe. Guanella o reporta no boletim de dezembro de 1896 com estas palavras, dirigidas às Irmãs:

> É dever nosso agradecer à Divina Providência por nos conduzir e assistir na fundação desta entidade filial. Confiamos muito em vós. Sabemos que os enfermos e os necessitados encontrarão em vós o conforto que suaviza os males para suportá-los com resignação.

Mesmo sem tantos atrativos da natureza – eis o pensamento constante do Fundador –, tais "infelizes" são os benjamins de Deus e assim devem ser para os Filhos e as Filhas da Providência; por isso a eles deve-se reservar o melhor. Quem escreve, soube-o a partir da explicação do diretor da Casa de São José, em Roma (via Aurelia Antica), por ocasião da inauguração das novas instalações da instituição: pequenas casas, dotadas de modernas estruturas, reservadas aos portadores de deficiência. Como considerá-los infelizes se há tanta serenidade em seus semblantes? Mas um único Pe. Guanella não basta para atender milhões de infelizes. Eis, portanto, uma pergunta dirigida a Deus: por que ele permite tanto infortúnio? Eis a resposta de Pe. Guanella:

> Até mesmo de Deus alguns se escandalizam. Ao ver os pobres, os idosos, os portadores de deficiência, que nós estimamos e a eles nos voltamos com o suave nome de Bons Filhos, eles erguem a voz: por que os criaram deste modo? Que atitude tomar para conviver com eles? E até mesmo em alguns países se deliberou querer extinguir os asilos dos po-

bres deficientes. Contudo, para nós, eles são o tesouro mais precioso. Será que Jesus não se tornou passível de rejeição e de ignomínia para salvá-los?

Falou-se da aquisição da tecelagem Binda em 1897. Onde ele teria encontrado as quarenta mil liras? Ao tomar conhecimento daquela proeza do Fundador, de sua audácia, as ofertas começaram a chegar, sempre mais consistentes, endereçadas à Casa da Providência. Quem iniciou foi o Pe. Del Torchio, doando quinze mil liras... e a sua amizade.

Sim, nós encontramos os dois – Pe. Guanella e Pe. Del Torchio – em plena montanha, em Spluga (Splügen) a cuidar de sua saúde. Dali, em pleno coração do cantão dos Grisões, eles um dia "se dirigiram à localidade de Thusis. E qual não foi a sua surpresa ao perceber, em cada vilarejo, igrejas católicas profanadas...". Ao se defrontar com tão triste realidade, eis a decisão de ambos em construir uma igreja em Spluga, como já citado.

Transcorridos dois anos, conseguiu expandir a sua Obra em Roveredo, nos Grisões. Iniciou-se sem tantos alaridos, com a abertura de uma creche, mas já se pensava "num asilo para pessoas deformadas, portadores de doenças crônicas, idosos, enfermos e outras pessoas desamparadas, de qualquer faixa etária, em benefício dos vales Mesolcina e Calanca e localidades circunvizinhas" (*La Divina Provvidenza*, maio de 1899).

Tantas iniciativas daquela época, todas elas penosas, mas ao mesmo tempo valiosas em obras benéficas, provinham de encontros ocasionais – melhor dizendo, providenciais –, que, por sua vez, se transformavam em corajosos empreendimentos. Isso a ponto de um senhor, de nome Cavenaghi, membro do Congresso Regional da Lombardia, ter de admitir, amargurado, perante seus colegas, numa reunião:

"Muitas decisões são tomadas. Mas, em grande parte, não se concretizam, à diferença de Pe. *Guanella: ele fala pouco e trabalha muito*".

De fato, viabilizava-se uma das obras mais importantes de Pe. Guanella em âmbito assistencial e social em prol dos pobres de toda uma comunidade com o saneamento de *Pian di Spagna*. A bem da verdade, o projeto era ousado e até mesmo inviável na opinião dos críticos, costumeiros oposicionistas. Em termos, nem mesmo os organismos governamentais tinham conseguido alguma coisa por causa dos trâmites burocráticos.

Serão essas mesmas autoridades civis a desconsiderar um outro projeto, por muitos não apreciado: a construção de um gigantesco farol a fim de honrar a memória de um ilustre cidadão, Alessandro Volta (1745-1827), no centenário da invenção da pilha (1800-1900), da qual deduziu a energia elétrica. Como sempre, Pe. Guanella não hesitou em fazer frente a esse desafio, pondo-se a agir, por entre os bastidores, tanto da administração pública de Como quanto da Cúria. Ao bispo ofereceu a presidência da comissão *Pro-Faro*, honrado que foi pela participação de nomes ilustres, tais como: Nechi, Ferrini, Albertario. Milão também se interessou pelo projeto e criou outra comissão, presidida por Vico Necchi.

Houve, mesmo, um confronto entre os estudantes na universidade de Pavia. Vico Necchi foi o primeiro a fazer uso da palavra. Seguiu-se o pronunciamento do futuro Padre Gemelli, antes de sua conversão: "Necchi quer honrar o Volta 'beato', nós queremos honrar o cientista. Cabe, portanto, a nós e não a ele e seus *quatro gatos* do meio católico pensar nestas coisas". Seguiu-se a costumeira discussão entre os estudantes. Quanto aos *quatro gatos*, foram lançados porta afora, sem muitas delicadezas.

Todavia, ainda não se descartara o projeto. Para angariar a devida importância – vinte e cinco mil liras, segundo os cálculos da comissão –, Pe. Guanella sugeriu que se interpelasse Guglielmo Marconi (1874-1937) – ele o chama "peixe grande" numa de suas missivas por ter embolsado milhões e milhões. Bastaria que ele deixasse cair algumas migalhas de sua forrada carteira para honrar quem lhe fornecera a eletricidade para as suas importantes experiências, que o levaram à invenção do rádio com fama mundial. De fato, sem a descoberta do "bigotto" Alessandro Volta, teria sido mais difícil a Guglielmo Marconi oferecer ao mundo a revolucionária invenção do rádio.

Não restam dúvidas de que neste frenesi em erguer um farol o bispo ou quem por ele lhe sugeriram pensar em empreendimentos mais direcionados à sua Obra e mais vantajosos aos seus pobres. Pian di Spagna vem a confirmá-lo...

Não faltam surpresas nessa aventura de Guanella ao término do século. Já conseguira conciliar a prudência do bispo com a sua ilimitada confiança na Providência, levando a bom termo uma obra não menos urgente: ampliar os pavilhões, já insuficientes, reservados às Irmãs e às assistidas, bem como separar as duas alas: a masculina e a feminina.

Como já visto na restauração do amplo prédio da tecelagem, que se prestou a resolver deveras o problema, chegaram de repente generosas ofertas que dirimiram as dúvidas do bispo. "Quanto mais se faz", dizia Pe. Luís, "mais a Providência fará." O catedrático Ballerini de Pavia deu uma bela definição das virtudes de Guanella, particularmente de sua fé na Providência: "Para mim, Pe. Luís é uma das melhores apologias práticas do Cristianismo. Num tempo de tanta incredulidade, indiferença, ativismo e egoísmo, ele manifestou o que consegue uma fé viva e um grande amor a Deus e ao próximo".

Com todas essas manifestações da Providência, inaugurou-se, em 1897, a Casa Santa Maria da Providência. Com essa conquista as *martorelle* dispunham de amplo espaço a compartilhar com as órfãs e as *boas filhas*, nome dado, à imitação do Cottolengo, às suas assistidas, idosas, jovens, atingidas por todo tipo de deficiência.

Será este um capítulo encerrado? De modo nenhum. Com certeza impensável, num momento de acentuado dinamismo, no qual Pe. Luís não se importava com rejeições ou consensos, pois *é Deus quem faz.*

XI

PIAN DI SPAGNA.
A CRUZ E O ARADO:
UM DESAFIO

"Retorne o agricultor à terra;
mais que em fábricas,
mais que no exterior,
aqui é abundante seu pão
e, mais sadia se conserva sua alma,
mais amada a sua família."

O céu sobre o pântano

As palavras anteriormente citadas – "fala pouco, mas trabalha muito" –, é um elogio a dentes cerrados da administração regional da Lombardia, endereçada a um homem empreendedor como Guanella, cuja ação se sobrepunha a viver acomodado ou deixar viver. O jovem Luís Guanella atravessara diversas vezes o pântano de Pian di Spagna, observando, melancolicamente, aquelas vastas terras entre Chiavenna e Colico. E o cônego Trussoni se lamentava: "Os nossos viajam ao exterior para trabalhar. Enquanto isso, lá nos montes, as pessoas arriscam a vida para arrancar dentre as rochas um punhado de grama. E aqui esta vasta planície que se poderia recuperar e atrair muita gente para trabalhar".

Tais dizeres ressoaram anos e anos na Itália, de norte a sul, impotente a pátria em manter, dentro de seus confins, tantas famílias que partiam espremidas em antiquados navios "para terras assaz longínquas". Muitas lamentações com belas ou tristes canções. Todavia, nessa evasão de forças, bastaria o saneamento de um delimitado pântano? Naqueles anos algumas famílias conseguiram trabalho nos pântanos Pontine. Mas havia o risco da malária, e poucos sobreviviam.

Numa dessas famílias paupérrimas vivia Maria Goretti, uma adolescente de doze anos. Ela vira o pai falecer por causa malária e também se contaminou. Contudo, mesmo sobrevivendo, não conseguiu salvar-se da emboscada do jovem Alessandro Serenelli. Por causa das seguidas recusas da adolescente, ele a matou com quatorze punhaladas, em 6 de julho de 1902.

Naqueles anos, enquanto a pequena Maria Goretti remava em meio ao pântano do baixo Lácio para cultivar alguma coisa nas pequenas ilhas ainda não submersas, Pe. Guanella pôs-se a trabalhar num outro pântano, o de Pian di Spagna. O seu sobrinho, Pe. Pietro Buzzetti já publicara uma breve monografia para chamar a atenção da administração pública: é urgente fazer alguma coisa. Em 18 de outubro de 1899, Pe. Luís convocou os párocos e capelães daquela região para inteirá-los do empreendimento, o que lhes pareceu uma utopia, sanear Pian di Spagna. Bastaria a bênção do cardeal de Milão, ou, mesmo, *a cruz e o arado* de beneditina memória?

A Revolução Industrial – iniciada na Inglaterra havia um século –, aportava também na Itália e de maneira bem consistente. Tudo indicava ser inevitável o êxodo do campo para a cidade. Mas isso – na opinião de muitas pessoas, entre elas Pe. Guanella – deveria acontecer com moderação. As pessoas estavam fascinadas com a ideia de restituir – uma vez abandonados os campos –, bem-estar, saúde física e espiritual a tantas famílias desnorteadas.

"Inicia-se devagar, mas com muita confiança na Providência." Assim se expressou Pe. Guanella, dirigindo-se a um sacerdote que lhe entregara a oferta de uma generosa senhora de Domaso. "Estas quinhentas liras serão a primeira pedra da colônia de Pian di Spagna."

Além dessa modesta soma ele podia contar com um crédito de quatrocentas liras, consignadas por Gaudêncio Tavasci, proprietário de uma casa e terrenos bem no coração daquele pântano. Um dia lhe solicitou a importância referente a tal crédito e teve uma resposta nada agradável: após tantos anos, quem se recorda? Mas em julho de 1900 Pe. Guanella fez nova tentativa, munido, agora, com um bom maço de mil liras. Fez a proposta de comprar a casa e os terrenos adjacentes, inclusive os abandonados. Os proprietários ficaram felizes com a proposta de se desfazer das terras e, ainda, a bom preço.

No dia 29 de setembro de 1900 – a partir de então uma data inesquecível –, a Providência, "rica banqueira", entregava-lhe em mãos o cheque em branco para tomar posse de um vasto terreno, em precárias condições de ser cultivado. Por isso foram necessários os músculos dos desbravadores vênetos.

Para os trabalhos mais leves Pe. Guanella pôde contar com os seus bons filhos: carregou-os em carroções e os levou a Pian di Spagna, felizes como se fossem participar de uma festa. E de fato foi uma festa, mesmo que as pessoas comentassem ironicamente: "O que ele conseguirá com estes trabalhadores? É uma loucura!". Uma festa e uma lição, concomitantemente: para os *descartados da humanidade*, o trabalho braçal, no campo, revelou-se terapia salutar, uma invenção guanelliana.

Em poucos meses efetivou-se o saneamento daquela região, só Deus sabe como! Tudo se nivelou, pronto para a semeadura. Desse modo nascia a *Nova Olônio São Salvador,* maravilhosa realidade inspirada pelo sonho juvenil de Luís Guanella. Era o alvorecer do novo século dedicado ao Salvador.

O Vêneto chama e Padre Luís responde

Do Alto Lario a atividade de Pe. Luís se expandiu em direção à foz do rio Pó. Dom Callegari, bispo de Pádua, propôs a Pe. Guanella construir na região do Vêneto uma filial da sua Obra. O encontro ocorreu em Veneza, quando do Congresso Eucarístico Nacional. Na ocasião, encontrou--se novamente com o bispo José Sarto, transferido de Mântua para aquela cidade. A palavra com Pe. Guanella:

> Estávamos jantando num rígido entardecer do inverno de 1898 quando se apresentou um padre de elevada estatura e um coração bem grande. Ele nos propôs a internação de dois sacerdotes pobres e paralíticos da Diocese de Ádria...

Eles foram acolhidos e "viveram" até o ocaso de sua vida, custodiados pela Providência. O bispo de Ádria, Antônio Polin, muitíssimo se sensibilizou com o gesto. Em recompensa, acolheu os clérigos de Pe. Guanella em seu seminário de Rovigo para cursarem o curso de Teologia.

O Pe. Ferdinando Geremia – o mesmo que apresentara os dois sacerdotes idosos – novamente se manifestou sugerindo a Pe. Guanella um bom negócio: a aquisição de um prédio bem amplo, com jardim e horta, em Fratta Polesine, próximo de Rovigo. Resultado: mais um feito e uma aquisição de Pe. Guanella.

Em Rovigo, as obras caritativas definhavam. Fechavam as portas. As últimas meninas do *Refúgio* foram acolhidas na nova instituição em Fratta Polesine. A nova realidade – Casa ou Instituto, tanto faz –, já tinha em vista expandir-se para acolher padres idosos e aquelas pessoas, de ambos os sexos, etiquetadas como deficientes. Em seguida, encaminharam-se novas construções: oratório, creche e escola profissional.

Naquela região difundira-se a pelagra[*] e se pensou em oferecer às pessoas infectadas pelo mal ao menos um prato de comida aquecida. No mais, a Obra abriu outros centros na região do Vêneto, particularmente em Treviso. Dali, desse ponto de observação, conseguia-se avistar outras regiões necessitadas do Vêneto, pobre e devoto (do norte e leste ricos se falaria mais tarde), para ali instalar novos postos avançados da caridade, particularmente na província de Treviso, a terra natal de Pio X.

Intensa naquela região a emigração. Muitos emigrantes se estabeleceram em países estrangeiros. Todavia, os que retornaram traziam, em seu íntimo, um forte desejo de fazer frutificar as novas experiências; e nasceram, assim, as pequenas indústrias, com o objetivo de transformar a sua região com problemas econômicos, numa realidade admirada e tida como exemplo, a ponto de anular a simplicidade de vida de seus antigos habitantes.

Vivia-se com o trabalho agrícola, graças à sábia distribuição das terras, efetivada pela administração austríaca. Em grande parte pertenciam aos municípios e eram alugadas às

---

[*] Doença causada pela falta de niacina (ácido nicotínico ou vitamina B ou vitamina PP) no organismo (N.E.).

famílias. Os sacerdotes tinham direito ao "quartese", ou seja: tinham direito a carregar diretamente do campo algumas espigas de trigo após a colheita em fins de junho. Eram o seu sustento, como o atual e mais substancioso oito por mil.[*] As mulheres dos quatorze aos sessenta anos – além do trabalho agrícola desde o clarear do dia, ou de participar da missa – se dirigiam às tecelagens. O salário era minguado, mas aceito como uma providência. As "colhedoras de espigas" de Pe. Guanella também compartilhavam o título e os suores das tecelagens.

Muitos párocos acolheram como vindas do céu as instituições guanellianas esparsas em diversas localidades na verdejante planície de Rovigo até Pádua, Vicenza e Treviso, com escolas profissionais e internatos para os pobres ou portadores de deficiência. O Trivêneto – Pe. Guanella o sabia muito bem, pois recorreu aos operários do Vêneto para sanar Pian di Spagna – era também um celeiro de vocações religiosas femininas e masculinas, o bem mais precioso para uma congregação em vias de expansão.

Após a Lombardia, a primeira região a se inteirar do benéfico potencial da Obra guanelliana foi justamente a região do Vêneto. Pe. Leonardo Mazzucchi assim se expressa:

[...] distinguindo-se das demais regiões da Itália, graças à laboriosidade e à fé de seus habitantes, filhos de uma história gloriosa de empreendimentos ilustres, e também infortúnios, é uma região que muito agradou à Casa da Divina Providência. Por isso mesmo quis ali expandir as suas instituições com muito afeto e reconhecimento pelo próprio fato de tê-la encontrado nas primeiras e difíceis horas de sua jornada. Nesta

---

[*] Pela lei fiscal italiana, oito em cada mil euros ganhos podem ser dedutíveis do imposto de renda se destinados ao sustento de uma confissão religiosa (N.E.).

região pôde dispor de um maravilhoso apoio de benevolência e consensos, que foi de vital importância, muito bem simbolizada pelo inesquecível Pio X, um pontífice vêneto, o pontífice de Pe. Guanella e de sua instituição. A pátria de Gaetano de Thiene e de Jerônimo Emiliani devia oferecer – por natural e virtuoso impulso de generosidade e espiritual parentesco –, uma hospitalidade de estima ilimitada e afetuosa, de presença solicitada e apreciada, em nobre disputa, muitas vezes vitoriosa no tocante ao próprio torrão natal. Graças aos dois santos – Jerônimo Emiliani e Gaetano de Thiene – Pe. Guanella conseguiu reviver em si seus exemplos. Do primeiro, a motivação básica de uma ilimitada confiança na Divina Providência; do outro, seguindo seu exemplo e no mesmo local, a construção de instituições para socorrer as fragilidades do povo. E nos seja permitido observar como o Senhor, nesses estimados amigos do Vêneto – bispos, sacerdotes e povo –, compensasse o mérito do confiante auxílio oferecido a Casas, pessoas, vocações, através do dom, não comum, de poder reconhecer o caráter extraordinário do Homem da Obra, da missão, quando em outros lugares aquela luz divina mantinha-se oculta por causa das deficiências humanas e nefastos preconceitos.

Esse trecho nos diz do trabalho de Leonardo Mazzucchi, o primeiro biógrafo de Pe. Guanella. É um texto valioso. Ele contém preciosas informações. Não restam dúvidas que elas seriam esquecidas se o paciente biógrafo não as recolhesse e transmitisse. Todos os que se dispuseram a narrar a vida, virtudes e milagres de Pe. Luís puderam haurir dessa fonte. Como se sabe, o próprio Pe. Mazzucchi – segundo sucessor de Pe. Guanella em dirigir a Instituição –, se deparou com dificuldades para resgatar todas essas informações. Ele próprio o cita na introdução:

[...] a longevidade de Pe. Luís Guanella e o contato com numerosas pessoas dificultaram, por assim dizer, a algum devoto admirador seguir seus passos para recolher e compilar as vicissitudes de sua vida, de sua trajetória. Nós tivemos esta dádiva. Uma árdua tarefa, porém! Pe. Luís era mestre em não deixar transparecer sua admirável ascensão e as virtudes distintas de seu coração. Sem uma diligente e laboriosa pesquisa não haveria como compilar uma biografia digna do homem de Deus.

O compilador – que endossa o texto em Fara Novarese em maio de 1920 – conclui: "Contudo, era necessário, de um ou de outro modo, responder à legítima expectativa. Eis, portanto, o trabalho, compilado da melhor maneira possível. Através dele se espera e se deseja que não diminua, em quem lê, a figura do Homem...". Muito obrigado, Pe. Leonardo, nós te perdoamos, mesmo com a excessiva dose de adjetivos e da sinceridade daquele "compilado da melhor maneira possível": isso nos ruboriza. Seriam suficientes as *Memórias autobiográficas*, consignadas à história da Obra pelo santo fundador? Tememos que não.

Em 1901, a Obra guanelliana atravessava um momento de feliz expansão. O próprio Fundador o cita em missiva enviada ao bispo de Como, Teodoro Valfré, para relatar-lhe tudo quanto realizara em âmbito assistencial. Nela ele traça uma panorâmica que tem a ver com o prodigioso, caso se considere que a maior parte das pessoas envolvidas – bem ao contrário de outras congregações em condição de poder contar com forças jovens desde o princípio – não podiam trabalhar e eram, mesmo, necessitadas de assistência. De fato, ele "recolhera portadores de deficiência física e mental, idosos enfermos e sacerdotes em idade avançada, reservando-lhes um conveniente e honroso refúgio".

Com certeza esse extraordinário e *prodigioso fluxo* tinha lá as suas exigências em termos de vigilância e assistência. E não o deixa de ser. Assim, vemos jovens generosas acorrerem para trabalharem como assistentes. Há, porém, algo de melhor. As aspirações da Pia Casa ressoam, outrossim, entre os jovens. O Fundador

buscou as devidas disposições, se aconselhou, rezou, fez experiências com os aspirantes, analisou minuciosamente a índole, as disposições, a capacidade e a piedade; e quando percebeu que tudo experimentara em termos de perspicácia, de prudência, e de ter feito as devidas experiências, alguns licenciou e a outros admitiu, encaminhando-os aos estudos eclesiásticos. Resultado: um belo dia teve sacerdotes...

Assim, sem dizê-lo abertamente, recordou-se do conselho dado pelo patriarca de Veneza, elevado ao trono pontifício como Pio X havia dois anos: não é tanto o conhecimento que deve manifestar-se no sacerdote encaminhado a tal Casa, mas sim o afeto, que deve manifestar-se no sacrifício, na compaixão e na paciência.

Os primeiros sacerdotes – doze em sua totalidade – provinham do clero secular; mas não eram "roubados" ao ministério paroquial, como murmuravam alguns coirmãos. Eles tinham em mente uma plenitude para a sua vida sacerdotal mediante a profissão dos votos religiosos. Foi assim que, em 1906, a Instituição se enriqueceu de membros, entre eles os padres Leonardo Mazzucchi e Aurélio Bacciarini. Neles o Fundador entrevia a possibilidade de serem os prolongadores de sua missão caritativa. O segundo é um personagem de grande prestígio. Ele ingressa com discrição, quase na ponta dos pés, nesta antologia da caridade.

XII

AURÉLIO BACCIARINI: A CRUZ E AS CRUZES DE PÁROCO E DE BISPO

"Breve e frágil a vida!
Felizes os que dispõem seus efêmeros dias
por um ideal que ultrapassa infinitamente
todos aqueles idealismos da terra,
o ideal do Reino de Jesus Cristo."
(Aurélio Bacciarini, bispo)

Pe. Aurélio Bacciarini foi, ao mesmo tempo, um homem ativo e contemplativo. Internalizou o *slogan* beneditino *ora et labora*, que Pe. Guanella assim traduziu: "trabalhar muito, rezar muito". Sentia-se atraído tanto ao trabalho da paróquia como à vida monástica. Com base nisso procurou um caminho intermediário, isto é, uma congregação tão ativa que impedia seus religiosos de não terem tempo nem mesmo para maus pensamentos. Em seguida a crise e "fuga" em busca de paz entre os antigos muros dos trapistas nas "Três Fontes", lugar que conserva memórias de numerosos mártires (toda a legião tebana, segundo a tradição), entre eles, por primeiro, o apóstolo Paulo, que ali, com a decapitação, encerrou a incomparável missão de anunciar aos gentios o Evangelho.

Pe. Bacciarini não conseguiu alternativas. Teve de deixar o refúgio dos trapistas e, a pedido de Pio X, foi reconduzido às cotidianas fadigas ao lado de Pe. Guanella. Foi colocado num lugar elevado entre os Servos da Caridade, quase a contragosto, e em seguida à frente da Diocese de Lugano, com um dúplice encargo, que assumiu com escrupulosa pontualidade, característica de seu estilo de vida. Possuía duas virtudes, que nem sempre circulam de mãos dadas: a inteligência e a humildade.

O mesmo ocorre na esfera civil. Para ocupar um posto de grande responsabilidade, opta-se por pessoas com ótimas qualidades, muitas vezes desconhecidas por elas próprias... Isso aconteceu com o Pe. Aurélio Bacciarini e com o Pe. Leonardo Mazzucchi, autor da primeira e documentada biografia do Fundador.

Pe. Aurélio Bacciarini foi o primeiro sucessor de Pe. Guanella no encargo de superior-geral. A seu respeito o Cardeal Charles Journet assim se expressa, com admirada devoção:

> A vida do Servo de Deus Aurélio Bacciarini revela uma alma límpida e luminosa de um servidor totalmente entregue a Deus, sem reticências. Em sua missão manifesta-se a jovialidade de sua infância e o desejo de comunicar as realidades celestes que preenchiam o seu coração, animavam o encanto da sua bondade, da sua solicitude e da sua ternura. *Ele foi deveras um homem aberto a todas as vozes que provinham das misérias do mundo.*

Visto de perto, esse homem de baixa estatura e esquivo se apresenta diante de nós – estupefatos e incrédulos – qual gigante da caridade.

Em 1996, a Editora Nuove Frontiere imprimiu novamente a volumosa biografia ultrapassando mil páginas. Emílio

Cattori é o autor da biografia desse discípulo de Pe. Guanella (*O bispo Aurélio Bacciarini*). Como secretário, conviveu com ele, na Suíça, de 1917 a 1935. Uma testemunha direta, portanto. Obviamente, a biografia – toda ela verdadeira *história de uma alma* –, nos diz que a grandeza de um homem não depende de seu secretário. O autor salientou a multiforme atividade de bom pastor, acompanhando-o, passo a passo, desde quando convivia com Pe. Guanella, em sua atividade cotidiana de zeloso sacerdote. De fato, "a união da mente e do coração com Deus tornara-se, para ele, um hábito santo, exercitado, de modo especial, em sua enfermidade, dispondo de mais tempo para a oração". Pe. Bacciarini assim se expressa: "A santidade consiste em carregar a cruz assim como Jesus a carregou: a cruz da humildade, da mortificação, do sacrifício; qualquer outra santidade, sem tais requisitos, sem essa fundamentação, é fantasia, sentimentalismo, santidade de palavras".

Nós o acompanhamos desde o momento em que a sua vida se entrelaça com aquela de Pe. Guanella: de 1906 a 1916. Será a sua sombra discreta nas horas difíceis. A figura de Pe. Bacciarini, portanto, reaparece como sendo um fenômeno cárstico, antes de se encaminhar, por virtude específica, ao vasto campo pastoral.

Existe uma segunda biografia de Bacciarini, intitulada *O pastor, a vítima, o reino*.[1] A autora nos oferece uma imagem de envergadura diversificada deste servidor de Deus, sob diversos pontos de vista, com poucos sorrisos e manifestações familiares, expiando com curiosidade e sutil ironia – quase feminil –, os recintos sagrados, como um eclesiástico. A autora prima em explorar a "dimensão

---

[1] FERRARI, C. *Il pastore, la vittima, il regno;* vita del vescovo Aurélio Bacciarini. Brescia: Morcelliana Ed., 1996.

exterior" deste santo homem, adornado de tantas virtudes. Em outros tempos recorria-se à expressão "bela alma". Atualmente, é estereotipada, caiu em desuso. Felizmente, a autora conseguiu superar tudo isso, apresentando-o "em sua realidade e em seus traços concretos, mais aprazíveis aos leitores contemporâneos".

Bacciarini, portanto, é um místico cedido ao apostolado ativo. Não é raro encontrar na Igreja almas que almejam uma silenciosa imolação, sob a proteção de um convento, mas impelidas, pela obediência, ao encontro do barulho de uma cidade ou à solidão de uma paróquia na montanha, envolvendo-se com o sofrimento de outras pessoas.

A Pe. Aurélio Bacciarini, ordenado no dia 12 de junho de 1897, reservaram esta última incumbência, depois de conseguir, em Milão, o doutorado em Teologia. É verdade que seu desejo era bem outro, pois manifestara ao seu bispo o desejo de ingressar no Convento dos Oblatos de Rho. Dom Vicente Molo, bom conhecedor de almas, encontrou as palavras oportunas para ele mudar de propósito: "Veja esta cruz, veja como é grande", disse-lhe, apontando para o crucifixo pendurado na parede. "Sim, nela sempre fixo o olhar para recordar-nos que devemos estar pregados na cruz do trabalho, do próprio dever."

No outono de 1897, foi designado pároco em Arzo, região de Mendrisio. Como o acolheram? Com indiferença e hostilidade. Ali aportou no dia 5 de novembro, sexta-feira, ao entardecer. Ninguém para atendê-lo. Das janelas entreabertas, olhares curiosos, quase um grito: "Não te procuramos e não te queremos. Vai embora".

De fato, o que eles queriam era o retorno de seu velho pároco, transferido para a localidade de Stabio. Eles haviam solicitado ao Bispo que repensasse a sua decisão. Mas o bispo não voltou atrás. Sendo assim, deviam contentar-se com aquele padre magrinho, desorientado, frágil, ao qual não tinham oferecido nem mesmo um leito para passar a noite. Teve de aceitar a hospitalidade de um jovem professor, ao menos para poder retirar da estação os seus poucos pertences.

Eis o melancólico início da sua vida de pároco. Mas tudo mudou após três meses. Foi uma mudança radical. O padre magrinho, frágil apenas na aparência, revelou-se um pastor de almas com temperamento forte e audaz, com vasto cabedal de recursos humanos e espirituais. No decurso de seis anos, viabilizou iniciativas diversificadas, reanimando a "paróquia fria e indiferente" com muito ardor e zelo de apóstolo.

Quanto aos anos de serviço pastoral em Arzo, deles sempre teve boas lembranças. E quando retornou na condição de bispo, disse aos amigos de então:

> A paróquia foi o primeiro campo que Deus me concedeu para cultivar quando a graça do sacerdócio coroou os mais vivos anseios. Com carinho recordo os anos de ministério paroquial... lembranças queridas que o tempo não consegue apagar: é uma história redigida na alma e com a alma, destinada à eternidade.

Em 1906, ingressou na Congregação de Pe. Guanella. Com pesar o bispo se privou de um sacerdote, valioso para a diocese. Transcorridos seis anos, Pe. Bacciarini é designado para assumir uma outra paróquia com maiores desafios. Agora vez no bairro Trionfale, em Roma. Era o dia 24 de maio de 1912. Pe. Guanella queria designar um outro sacerdote para assumir a paróquia; mas Pio X – que colaborara generosamente para a construção da igreja dedicada a São José –, quis que assumisse o melhor sacerdote da Congregação.

Quando de seu ingresso na paróquia – era um domingo, 30 de junho de 1912 –, assim se expressou na homilia:

> Eis-me aqui a vosso dispor! Eis a minha mente! De agora em diante me proponho a pensar tão somente no vosso bem! Eis aqui meu coração para amar a todos na caridade de Cristo, para sentir como sendo minhas vossas tribulações, para chorar como sendo minhas vossas dores... Eis minha vida para consumi-la, cotidianamente, nas obras do ministério paroquial.

O seu dia iniciava às 5 da manhã com a Santa Missa e a meditação; em seguida, visita cotidiana às pessoas do bairro. Não lhe agradava fechar-se no escritório para atender seus paroquianos. Passava de casa em casa para inteirar-se dos problemas e das necessidades mais urgentes. Segundo ele, "o aviso na igreja não surte efeito caso não se visite as famílias, não uma, mas duas ou três vezes. Sem este método pouco adianta permanecer aqui a confessar mulheres e permitir que a grande massa do povo permaneça na indiferença".

As suas homilias – tanto no púlpito como nas praças, quando das peregrinações –, visavam a combater a indiferença dos ouvintes, assim como acontecia ao visitarem a tumba de Francisco de Assis, pobre entre os pobres. Em sua alocução, estimulava as pessoas presentes a irem além do cântico do Irmão Sol com estas palavras:

> Há setecentos anos Francisco repousa em Deus. Agora compete a nós dar continuidade à sua missão. Não podemos ser meros poetas da mensagem franciscana, que estagnou no cântico do sol, no sermão aos pássaros, no sorriso e nos

encantos da Úmbria. É preciso agir e imitar Francisco na batalha aos costumes perversos...

Do ponto de vista de Pe. Bacciarini, a peregrinação enfocava dois valores: êxodo e avanço. Sair da imobilidade espiritual e avançar. Mas para onde avançar? O Senhor no-lo diz através do profeta Jeremias: "Voltem, voltem a mim...". A peregrinação evoca a condição de cada homem como *alguém a caminho* (*Homo viator*), viandante em busca do profundo sentido da existência.

Em 1915, esteve na região de Abruzo para prestar socorro às vítimas do terremoto, acompanhando Pe. Guanella naquele trágico dia 13 de janeiro. O próprio Pe. Guanella o relata: "O nosso Pe. Aurélio Bacciarini percorreu os montes e os vales de Abruzo. Estávamos preocupados com a sua saúde e até mesmo porque havia lobos famintos no monte Bove. Pe. Bacciarini retornou com a roupa rasgada trazendo consigo 69 pessoas resgatadas entre os escombros".

No entardecer do mesmo dia retornou a Roma com o idoso e extenuado Pe. Luís em companhia dessas pessoas, alojando-as na paróquia e cedendo, até mesmo, seu colchão a um dos feridos.

Naquele mesmo ano – em 27 de setembro – Pe. Luís Guanella foi atingido pela paralisia. Pe. Bacciarini acorreu imediatamente à cidade de Como para assistir o amado Fundador. Em 24 de outubro de 1915, quando Pe. Luís morreu, Pe. Bacciarini tornou-se o seu imediato sucessor.

Como se não bastasse o peso da penosa herança, no dia 10 de janeiro de 1917 Pe. Bacciarini teve de aceitar a obediência – "amarga como a morte" –, imposta pelo Papa Bento XV, que o nomeava bispo da Diocese de Lugano, na Suíça.

Duas vidas paralelas: Pe. Guanella e Pe. Bacciarini, apaixonados por fazer o bem. Ainda que com temperamentos e estilos tão diversos, eles encontram plena sintonia na obediência do discípulo e na ampla visão do Mestre. Pe. Bacciarini assim se expressa:

> Em qualquer lugar onde encerrar minha jornada terrena, seguirei o destino das instituições de Pe. Guanella. Eu as seguirei com o pensamento, com o coração, com a oração, com a ação, do modo como me será concedido até a última hora da minha vida.

Pe. Guanella nutria grande estima pelo Pe. Bacciarini, tanto que o escolheu para ser o seu vigário. A diversidade de estilo e de temperamento pode-se facilmente colhê-la nas memórias autobiográficas *Le vie della Provvidenza,* de autoria do Pe. Guanella. O texto de Pe. Guanella prima pela simplicidade. Todavia, no aspecto prático, deixa a desejar, outorgando aos diversos biógrafos a incumbência de lhe atribuir sentimentos ocultos e pensamentos velados à nossa curiosidade.

Em seus escritos, Pe. Bacciarini sempre demonstra grande respeito pelo Fundador, atribuindo-lhe todas as conquistas, mesmo que nem sempre aprovasse seus métodos.

Eis a sensatez de Pe. Bacciarini no tocante ao método que Pe. Guanella queria introduzir, a fim de proteger a virtude da pureza em ocasiões perigosas que poderiam ocorrer até mesmo no convento:

> Diversas vezes ouvi dizer que seria oportuno introduzir, nas Casas mais importantes, uma espécie de conselho no tocante à moralidade de cada indivíduo, quem quer que fosse [...] Normas severas ele as dava a respeito do relacionamento com pessoas de outro sexo, até mesmo religiosas. Dizia: *a mulher é sempre mulher, mesmo se veste o hábito mais santo.*

Na concepção de tantas pessoas, a mulher é vista como artífice da sedução no desleixo de diversas virtudes. Mas como admiti-lo ao constatar a importância que as Irmãs e outras mulheres tiveram na efetivação de uma Obra tão importante como a de Pe. Guanella?

Portanto, com base no testemunho de Bacciarini, emerge um Pe. Guanella austero consigo e, às vezes, com os demais; uma austeridade mista de compaixão em face das fragilidades alheias: "Nas pessoas assistidas, conseguia distinguir as faltas que indicavam um momento de paixão ou de fraqueza advindas de um hábito inveterado ou de um coração corrompido", e apenas com estas mostrava-se severo.

XIII

PEREGRINO NAS FONTES DA NOSSA FÉ

"O Reino de Deus Pai é o teu coração.
Para estar neste coração Jesus apareceu
como soberano onipotente no mundo,
como pai amável em Jerusalém,
como amigo e redentor no caminho do Calvário,
e em Belém e na cruz,
de onde estende a mão e suspira:
'Eu não posso dispensar o coração dos homens;
dai-me o coração do homem'."

As novas fronteiras da caridade

Outono de 1912! Pe. Guanella participa da almejada peregrinação à Terra Santa, à terra de Jesus. Os apontamentos da viagem parecem ser apressados. Fortes as emoções de todo peregrino ao chegar, pela primeira vez, a Belém, a Nazaré, a Jerusalém... percorrendo os caminhos que assistiram à passagem do Redentor, dos apóstolos, dos discípulos, da Mãe de Jesus e de José, seu esposo.

Já em 1883 ele externara o desejo de realizar tal viagem através de breves exortações intituladas *Andiamo al paradiso*. Mesmo assim, o seu sentimento se intensificou ao iniciar o percurso da Via Dolorosa. Em sinal de amor e de respeito, tirou os sapatos e, ao concluí-la, também as meias. E quis guardá-las para serem colocadas no dia de sua morte...

"Há muito tempo" – como consta nas memórias autobiográficas – "um desejo secreto me impelia à terra onde nasceu, sofreu e morreu o divino Salvador. Mas como efetivá-lo? Faltava o impulso externo...". Esse impulso quem o dá é o Cardeal Ferrari. O prelado "o chama, abençoa e convida a segui-lo. Como não aceitar?".

A peregrinação à Terra Santa – organizada pela Diocese de Milão e conduzida pelo seu bispo, o Cardeal Ferrari –, apresentará, ao nosso peregrino, oportunos momentos de reflexão. Pe. Guanella publicou-os no boletim *La Divina Provvidenza*, como recordação das intensas jornadas, vivenciadas do modo como deveria acontecer cada peregrinação. Quando da partida, seu propósito era o de manter informados seus filhos diariamente com pontuais "correspondências". Todavia, suas comunicações se limitaram a algumas missivas apenas destacando o itinerário e a visita aos lugares santos.

Diversas vezes externou o desejo de uma expansão de suas instituições também no Oriente, como manifesta numa carta enviada à Irmã Marcelina: "Parece que a Providência vos chama para ali construir uma Casa. Se for voz de Deus atravessar o mar, rezem e coragem". E em tom de brincadeira acrescenta: "Digam às Irmãs de Santa Maria que não se vistam como as mulheres árabes, cujo rosto encontra-se encoberto, quais espantalhos". Compartilhando o parecer de muitas pessoas, a burca não lhe agradava de jeito nenhum. De Damasco, em 28 de setembro, enviou mais uma comunicação endereçada a Marcelina Bosatta: "Muito bom o clima e uma instituição da Divina Providência seria, além de oportuna, uma novidade nesta região. A viagem se reduz a poucos dias, sem maiores dificuldades".

No decorrer dessa peregrinação, os franciscanos – durante séculos guardiões dos lugares santos – foram muitos atenciosos e se esmeraram em oferecer a todos generosa hospitalidade, mormente em Jerusalém. Idem em Emaús, onde o cardeal participou da consagração da igreja em memória do encontro do Ressuscitado com os dois discípulos. Após a celebração litúrgica, sob uma grande tenda, ofereceu-se, no local, um almoço aos peregrinos de Milão e às autoridades religiosas e políticas. Na hora do brinde, o cônsul francês (a Palestina fora confiada à França até 1917, em seguida à Grã-Bretanha) colheu o ensejo para associar ao novo Papa o elogio ao governo e à grande nação francesa. O mesmo aconteceu com o cônsul italiano, ao elogiar a sua pátria por defender seus filhos além de seus confins. O cardeal, por sua vez, soube muito bem conciliar os dois aspectos com sua imparcialidade, dir-se-ia "salomônica".

A amizade e o amor devem ser partilhados como salientam os filósofos escolásticos: *bonum est diffusivum sui* (por sua própria natureza o bem se difunde) e ignora a solidão. Apenas o poder se fecha em si mesmo por estar no comando e se considerar insubstituível. Ambos, a caridade e o amor buscam a comunhão, não a arrogante solidão.

Ao retornar da peregrinação à Terra Santa, Pe. Guanella aprendeu, com alegria e humildade, uma oportuna lição, como ele mesmo destaca, ou seja: que a sua presença não era indispensável para o bom andamento da sua Obra. Isso ele pôde constatar nas diversas repartições. Muita ordem e serenidade. Nenhuma demonstração de cansaço ou ritmo mais lento.

Surpresas no retorno da Terra Santa

Muitas as surpresas no retorno à Itália: pôr do sol por sobre o mar, orações e cantos dos peregrinos, como relata Pe. Guanella: "[...] mais uma vez no mar numa viagem muito benéfica e quase de contínua oração pela presença do eminentíssimo cardeal Ferrari".

No artigo *Após a peregrinação*, ele destaca as localidades italianas visitadas: Palermo, com sua encantadora "Conca d'Oro" e, também, as pessoas que se perfilaram para assistir ao encontro de dois cardeais: Celesia e Ferrari. A seguir, Nápoles e Monte Cassino, Roma, Loreto, Assis, Bolonha... De santuário em santuário, obviamente. Ao longo do caminho, Pe. Guanella conseguiu se entreter intensamente com o cardeal voltado para assuntos de seu interesse. O cardeal lhe disse: "Por que não pensa em construir uma Casa no Oriente?". Colhido de surpresa, Pe. Guanella respondeu: "Quem sabe alguém depois de mim...". "Não, não" – respondeu o cardeal – "é melhor que o senhor a construa".

Retornando junto aos seus, Pe. Guanella lhes dirige a mesma pergunta: "Uma Casa no Oriente? O que fazer? Amais a Terra Santa? Se a amais, rezem para obter – se não for para nós, mas para os que virão mais tarde – a realização deste desejo do nosso coração".

O retorno, portanto, intensificou a sua alegria e a sua emoção, como já foi dito: "O que mais intensamente me alegrou foi a constatação de duas coisas: antes de tudo, o auxílio permanente da Divina Providência em prol de nossas Casas. Em seguida, a condição de elas se manterem e prosperarem sem a contínua assistência de seu diretor". A lição lhe oportunizará uma regra apropriada a quem é responsável por uma comunidade.

Ao corrigir seus subordinados, os superiores sejam – acima de tudo – pais, irmãos e amigos; e criem condições para manifestar o amor confidente, específico das famílias patriarcais. Sejam chamados com os respectivos nomes, quais filhos, irmãos e amigos queridos; conheçam, intimamente, as suas inclinações e saibam cultivá-las. Demonstração da autoridade tão somente em situações raras e necessárias para que ela não fique aquém da caridade... Para nós basta um leito duro, um assento de madeira, uma mesinha para escrever e um genuflexório para rezar.

Antes de encaminhar um novo projeto, Pe. Guanella sempre rezava e pedia às Irmãs que fizessem o mesmo. A incumbência da Irmã Clara era a de abrir, com novenas, a via à Providência. Ela o fazia envolvendo os inocentes. "Faça uma novena a Nossa Senhora de Lourdes", disse-lhe Pe. Luís antes de assinar o custoso contrato da propriedade Biffi. A Irmã Clara recém encerrara uma novena à Imaculada para obter, com pleno êxito, a cura de duas órfãs.

Transcorrido um ano após a peregrinação à Terra Santa, cumpriu-se um voto em peregrinação ao Santuário de Lourdes, conduzida por Dom Radini Tedeschi, administrador da colônia agrícola de Monte Mário, em Roma. Essa colônia agrícola surgira para prover o sustento de muitos emigrantes, particularmente do sul da Itália. Por causa da pobreza, eram forçados a emigrar e, depois, eram abandonados à própria sorte. Mas, feitos os devidos cálculos, o dinheiro arrecadado pagava, tão somente, os agricultores e alimentava alguns animais da estrebaria.

De fato, a colônia agrícola ficara aquém do que se esperava e fora colocada à venda. O encontro com Dom Radini Tedeschi foi oportuno para uma nova e importante aquisição. Valor? Em torno de vinte e cinco mil liras, falava-se!

Importância para a aquisição de uma colônia agrícola com casa colonial, alguns apetrechos e duas vaquinhas. Em carta enviada a Dom Radini Tedeschi, Pe. Guanella se dizia interessado em comprá-la e, se possível, obter um desconto. Quando da assinatura, nenhum desconto: das vinte e cinco mil passou-se para trinta mil liras... Dessa vez foi assim. Mas, a seguir, a Providência não deixaria de se manifestar num modo ainda mais generoso. Ele mesmo o relata, como segue:

O princípio fundamental da ação da Divina Providência consiste em dar-se conta que ela deseja de nós uma obra. Então, como agir? É como segue: conceber a ideia da obra, alimentá-la até que ela se esclareça, mental e afetivamente, como uma obra realizada. Não satisfeitos com isso, deve-se iniciar a obra com cautela e fazer uma experiência na devida proporção para perceber se o efeito está em consonância com os meios disponíveis num dado momento. Faça-se de modo tal que de uma coisa nasça outra coisa e que o Senhor providencie gradualmente. É preciso que – de um ou de outro modo –, *os superiores ajam passivamente* [isto é, deixem fazer]. Em seguida, mãos à obra, de pedra em pedra, até a conclusão, e que os superiores tenham alguma satisfação.

... talvez atribuindo a si o mérito, mas prestem atenção: "[...] não se deve criticar os superiores, pois é preciso manter a autoridade; de fato, seria defeito e também culpabilidade reduzir tudo a incessantes lamúrias". Palavras sábias, oriundas da antiga sabedoria e da experiência, jamais ambíguas em Pe. Guanella, apesar da fama de revolucionário. E não faltavam os conselhos quanto à moderação, vindos de antigos amigos, como o de seu colega de escola, Scalabrini. "Quem diria", escreve Pe. Guanella, "diversas vezes lhe pedi que me procurasse um lugar para fazer um pouco de bem na cidade e ele me respondia brincando: és um revolucionário em demasia". E em 1905, antes de sua morte (seria beatificado pelo Papa João Paulo II em 1997), Scalabrini deixou dito: "Somos todos marionetes da Divina Providência: nós nos deixamos conduzir por ela e realizamos o bem que se encontra ao nosso alcance".

Sempre nesse contexto, inteiramo-nos, também, da resposta que obteve Dom Valfré: "Faça aquilo que quiser; com os santos não há como raciocinar". Contudo, o nosso protagonista levava em consideração as palavras proferidas por Jesus: "Buscai em primeiro lugar o Reino de Deus e a sua justiça, e todas essas coisas vos serão dadas por acréscimo" (Mt 6,33).

Pe. Guanella destaca que deve haver limites até mesmo no pedir. Também em pedir ocorrem limites, salienta Pe. Guanella. Caso necessites lavrar o teu campo, convém-te um arado de ferro, não de prata. Os exemplos são plausíveis: "O Cottolengo de Turim" – ele comenta com conhecimento de causa – "tem por norma tão somente rezar e não pedir. O Instituto de Dom Bosco reza e pede. A nossa Casa segue o caminho do rezar e do pedir. À oração *acrescenta* as obras de caridade. Meu desejo é bem esse de beneficiar todas as periferias...". Eis, portanto, *as suas colhedoras de espigas* percorrendo todos os campos e "solicitando as espigas esquecidas pelo ceifador". Muitas vezes, trata-se de solicitar a um pobre uma ajuda por quem é mais pobre do que ele. "Ninguém se oponha à chegada das nossas colhedoras de espigas. Elas se achegam a fim de partilhar o pão da caridade."

No tocante aos pobres, ouvem-se lindas palavras, mas não se vai além. Faltam as obras. Fatos e não apenas palavras constam da vida de Pe. Guanella. Em 1901, ele escreve:

Em Belgioioso, um pequeno Jó, coberto de chagas, agradece gentilmente a quem o assiste. Um idoso com feridas e cego beija a mão de seus piedosos enfermeiros, sempre rezando com intenso fervor. Um pobre idoso, há sete anos paralisado, jamais se lamenta... Se não se acolhesse essas pessoas para assisti-las e ensiná-las a elevar a mente a Deus, quem poderia impedir de não se revoltarem contra Deus?

"Quem dá aos pobres empresta a Deus", costumava dizer Pe. Luís; e acrescentava: "Os pobres são os nossos benjamins, os nossos patrões". Sempre haverá como trabalhar e sofrer em seu lugar: "A pobreza é grandiosa perante a fé e é necessário que se experimentem, ao menos em parte, as privações da pobreza para serem meritórias".

XIV

TODAS AS ESTRADAS CONDUZEM A ROMA. PIO X, "O SANTO PROTETOR"

"Tribulações e consolações se alternam na vida:
é preciso amar as tribulações para sermos
consolados na prosperidade da Casa."

Três santos

Mesmo com o "alto lá" do Cardeal Parocchi, Roma não era uma meta inatingível. Às solicitações de Pe. Guanella respondera "não haver espaço em Roma para novas congregações". Como sempre, teve de esperar, na expectativa de um sinal favorável quando de suas visitas à cidade eterna, ao centro do Catolicismo. "*Esmerava-se* na busca de um sinal favorável, mas não havia como." Em vão todas as tentativas. Parecia estarem obstruídos os caminhos de Roma ao avanço pacífico do exército guanelliano. A menos que se chegasse por vias secundárias: quem sabe com o disfarce de agricultores para assumir a colônia agrícola de Monte Mário.

Quem o indicou não foi o Cardeal Parocchi, há pouco mencionado, mas sim o bondoso prelado Radini Tedeschi numa peregrinação a Lourdes. Pe. Luís resolvera participar da peregrinação, tendo em vista a sua grande devoção à Imaculada. Foi em dezembro de 1903. Dentre as graças a pedir, a mais importante: que se abrisse uma brecha para estabelecer-se em Roma.

Após alguns meses, obteve a graça, como sempre generosa, além da expectativa. E já no início de 1904 Pe. Guanella pôde fazer constar em suas memórias:

> Estamos ao lado do Vaticano e ouvimos o soar das horas do maior templo da Cristandade. Parece um sonho. Estamos plenamente convictos de estar em Roma convocados pela Divina Providência *et hic manebimus optime* [estamos muito bem aqui]. Quem teria a coragem de nos mandar embora?

De fato, após tantas fadigas a Obra "precisava descansar à sombra do Vaticano, quase para atestar a sua catolicidade". Sim, para uma jovem congregação, com membros oriundos de Como e de Sondrio, houve dificuldades de adaptação em Roma, mesmo que as Filhas e os Servos da Caridade tivessem aprendido de Pe. Luís a lição da coragem e da ilimitada confiança na Divina Providência. Coragem e confiança quem as teve, de fato, foram as primeiras estafetas, aportando à capital em 2 de janeiro daquele ano. Eram duas Irmãs. Entrava-se sorrateiramente em consonância com a ação da Providência: "É sempre Deus quem faz", quer no Lácio, quer na Lombardia.

O Papa protetor: Pio X

Em Roma, contavam com um santo protetor: o Papa Pio X (1835-1914), sucessor de Leão XIII, falecido em 20 de julho de 1903. No dia 4 de agosto, Pe. Guanella pôde dar o alegre anúncio: é um Papa que nos quer bem! Encontrara-se com ele quando era bispo de Mântua e, mais tarde, em Veneza, já patriarca e cardeal.

Suficientes tais fatos para um bom relacionamento. Ao longo de um decênio, Pio X muitas vezes o acolheu com grande afabilidade e familiaridade. O último encontro aconteceu na audiência do dia 17 de setembro de 1913. Nela o Sumo Pontífice mencionou uma frase que se pode considerar como que um compêndio de uma amizade que ultrapassa o clássico relacionamento entre o Papa e um humilde sacerdote: "Nós – eu e vós – nos entendemos".

Numerosos os episódios recordados por Pe. Guanella no referentes a essa santa e frutuosa amizade com o Papa, um verdadeiro santo pela sua vida exemplar desde a juventude: "Nasci pobre, vivi pobre e vou morrer paupérrimo". É o que consta em seu testamento.

Pio X era filho de um funcionário do município de Riese, localidade agrícola de Treviso, circundada de vinhedos e produtora de um modesto vinho, o *clinton*. A mãe, Margarida Sanson, era doméstica e costureira. Ela deu à luz dez filhos; criou-os com leite, polenta e do que colhiam no campo. José Sarto, futuro Papa, conseguiu frequentar a escola indo a pé até Castelfranco Veneto, distante dez quilômetros de Riese.

Depois – em 13 de novembro de 1850 –, o acolheram no seminário de Pádua. Ordenou-se sacerdote no dia 18 de setembro de 1858, sendo designado para a paróquia de Tombolo, limítrofe com Galliera Veneta. Essas duas localidades compartilharam a honra de suas primícias pastorais. Em 1866, Pe. José Sarto, em seu patriotismo, vibrou com o retorno à Itália da região do Vêneto no desfecho da terceira guerra da independência, todavia sem nenhum envolvimento com os acontecimentos políticos.

Não demoraria muito para a verde planície – que se estende do monte Grappa até Pádua e Treviso, até então celeiro de emigrantes –, transformar-se em cenário de guerra após a data histórica de 24 de maio de 1915. Mas de ver seu povo envolver-se nessa tragédia José Sarto foi poupado, pois foi Papa de 1903 a 1914. Em sua trajetória foi capelão e pároco em Salzano e por oito meses vigário capitular de Treviso. Em 16 de novembro de 1884 foi sagrado bispo em Roma e designado para a Diocese de Mântua. No dia 22 de novembro de 1894 recebeu a nomeação de patriarca e cardeal de Veneza. Apesar das honrarias, jamais declinou de sua simplicidade.

No dia 4 de agosto de 1903 foi eleito Papa. O povo o estimava, ao contrário das pessoas tidas como intelectuais. Muitas vezes o criticavam injustamente por causa da dura condenação do Modernismo com a encíclica *Pascendi* (setembro de 1907). Mas houve quem a defendesse, mesmo com reservas. O Cardeal Maffi, arcebispo de Pisa, foi um dos defensores ao declarar: "A encíclica será de grande utilidade. Esperemos que não seja discriminada pelos zelosos com protestos e as costumeiras acusações".

Muitos os episódios deste Papa em seu relacionamento com Pe. Guanella. "Um dia, Pio X lhe confidenciou: Nós dois nos entendemos". Sim, foi uma constante desde a primeira audiência; nela também perguntou quantas eram as suas Casas. Pe. Guanella respondeu: "Trinta asilos e outras vinte instituições, inclusive hospitais". "E os recursos vêm de onde?" E acrescentou: "Sois riquíssimos porque a Providência em muito os auxilia".

No dia 13 de janeiro de 1908, Pe. Guanella encontrou-se novamente com Pio X. Após a saudação, o Papa lhe disse em tom de brincadeira: "Audacioso Pe. Guanella! Estais aqui novamente? Ainda não o colocaram na cadeia?". Era uma alusão à inspeção de suas Casas a mando da Prefeitura de Roma. "Tudo em ordem, Santidade". E o Papa: "Então quer dizer que o diabo não é tão feio como pintam. Fique tranquilo, mesmo que alguém vos queira prejudicar... Aqui, na Colônia de Monte Mário, tereis um futuro garantido; saibam aproveitá-lo".

Breve a duração da colônia. Mas foi o ponto de partida para os Servos da Caridade se estabelecerem em Roma, unidos pela legenda da caridade com um outro apóstolo: Pe. Luís Orione, também ele vindo do norte da Itália, de Tortona. Ele construiu sua Instituição no sopé do Monte Mário, uma vez cognominado Montemalo por causa das ilegalidades ali praticadas. Pe. Guanella em carta alusiva às felicitações natalinas, manifestou-lhe seu apreço com estas palavras:

> Por ocasião das santas festas, colho o ensejo para externar minha veneração e almejar que sua ditosa Obra prospere a favor da sociedade através da agricultura e encaminhe tantas pessoas ludibriadas por um falso liberalismo. Vossa pessoa sabe entender-se com nosso Senhor quanto aos mistérios do Amor. No início, era necessária a força dos milagres; hoje se requer a energia do trabalho, de um trabalho assíduo, coordenado, solidário.

Na mesma missiva enviada a Pe. Orione, Pe. Guanella menciona as palavras do Papa referentes à oração e ao trabalho em sua instituição:

> Eis o modelo para a ação: calar e agir. *Nada de palavras, mas fatos.* Para fazer um pouco de bem é preciso reduzir as

palavras e intensificar o trabalho. Reflita, caríssimo Pe. Luís! Há tempo o senhor reside na cidade. Será que não encontra alguém em condições de auxiliá-lo num empreendimento tão aprazível e vantajoso para mim?

Em outra oportunidade, Pe. Guanella apresentou a Pio X o projeto de construção da Igreja São José no bairro Trionfale. O Papa lhe perguntou: "Tendes muitos e bons sacerdotes?". Resposta: "Não muitos, mas bons; alguns bons e capacitados; outros bons e menos capacitados". "Está bem assim", conclui o Papa. "Em vossos Institutos deve sobressair a bondade."

Audiência do dia 29 de janeiro de 1910. O próprio Pe. Luís a relata em seu boletim mensal:

> Encontrava-me na sala de audiências. À minha frente, um grupo de peregrinos espanhóis, alemães e ingleses. Quando me dei conta, encontrava-me à frente de todos, na primeira fila. Ao deparar-se com a minha presença, o Santo Padre aparentou estar maravilhado. Em seguida, após dar toda a volta, retrocedeu um pouco e, dirigindo-se a mim, convidou-me paternalmente, dizendo: "Venha para dentro!". E sem rodeios recebeu-me em audiência privada, particularíssima.

O Papa tomou a iniciativa: "Que tendes a me dizer? Que os alicerces da Igreja de São José estão voltados para o alto, aguardando a Providência?".

"Sim, Santo Padre! A realidade é bem essa: os alicerces aguardam a Providência da parte de todos e, quem sabe, também de Vossa Santidade."

"Mas a Providência não vem de Deus?", retrucou o Papa.

"Sim, Santidade, tudo vem de Deus."

"Do Papa, então, não quereis ajuda?"

"Sim, Santo Padre, pedimos vossa ajuda porque representais o próprio Deus."

Em seguida se falou da necessidade de construir uma igreja no bairro, pois a população aumentava sempre mais, assim como os problemas, o que vem a confirmar a citação de um cardeal de ser a fé perigosamente assediada em Roma. Como sempre. Ontem e hoje.

O Papa lhe perguntou se conseguia dormir à noite em meio a tantas preocupações. Como bem sabemos, Pe. Luís respondeu com as citações clássicas da antologia guanelliana: "Até a meia-noite eu penso. Depois é Deus quem pensa".

Pe. Guanella relata outro fato significativo. Quando, em dezembro de 1910, Bressan, secretário do Papa, o apresentou para a audiência, com o título de cônego Guanella, Pio X o corrigiu de imediato: "Que cônego, que Guanella!? Nada disso. Os nomes não se falsificam. Diga, tão somente, Pe. Luís. Venha, Pe. Luís!". O Papa queria saber quando findaria a construção da igreja.

"Em 1912, Santidade."

"Muito bem. Terminem o mais cedo possível. Quer dinheiro? Já lhe prometi. Eis aqui trinta mil liras. O restante eu encaminharei posteriormente."

Mas o restante demorou a chegar. Por isso Pe. Guanella achou oportuno solicitá-lo na subsequente audiência. Amável, o Papa o acolheu e lhe perguntou: "Pe. Luís, o que me ofereceis?".

"Santo Padre, ofereço-vos a Igreja de São José, no bairro Trionfale. Está construída."

"Muito bem. E quando será a inauguração?"

"No próximo ano, por ocasião da Festa de São José."

Pe. Guanella oferecera ao Papa a Igreja de São José, dedicada ao santo artesão de Nazaré e, ao mesmo tempo, em honra a Pio X, portador do mesmo nome.

"Que lindo presente e qual o seu desejo?", prosseguiu o Papa.

"A vossa bênção."

"E depois?"

"Santidade, para concluir a igreja eu ainda precisaria de um pouco de dinheiro."

"Ah é? Eu já esperava por isso. Em quanto importa?"

Pe. Guanella apresentou as contas feitas em conjunto com o arquiteto Aristides Leonori: cento e dez mil liras.

Pio X, sem pestanejar, disse-lhe para se dirigir, em seu nome, ao secretário Bressan. Ao inteirar-se de que Pe. Luís ainda não pensara no altar-mor, completou a generosa oferta com estas palavras: "Diga a Dom Bressan que coloque à disposição o altar que o príncipe Chigi doou ao Papa".

Ainda no tocante à Igreja de São José e da dispensa de algumas formalidades da cúria – prontamente acolhidas pelo generoso pontífice – o vigário do Papa, Cardeal Pietro Respighi, assim se expressa: "Pe. Luís é o homem das exceções. Não precisa nem de cardeais, nem de prelados que o protejam: ele tem o Papa à sua disposição".

XV

A "PEQUENA BASÍLICA" ROMANA EM HONRA AO ESPOSO DE MARIA

"Eu amo a todos com grande afeto,
mas, de modo especial,
nutro estima pelos pobres e enfermos
porque Jesus teve por eles um amor particular
e quis ser o pai dos pobres
e o consolador dos enfermos."
(Pe. Aurélio Bacciarini, pároco)

Há pouco Pe. Guanella chegara à Colônia Agrícola de Monte Mário, em Roma, e já descobrira um terreno adequado para efetivar seu grande projeto: um vasto terreno de sete mil metros quadrados. Ainda não fora cultivado e pertencia ao Banco da Itália, que o pôs à venda ao preço de setenta mil liras. Também dessa feita conseguiu efetivar a compra com o adiantamento de duas mil liras. O montante ficou por conta da Providência.

Era o ano 1908. Transcorridos doze meses em meio a alguns "barracos", erguidos aqui e acolá, Pe. Guanella construiu uma igrejinha provisória para pessoas que raras vezes haviam ultrapassado a soleira da porta de um lugar sagrado. Em 6 de junho – graças à generosa ajuda de Pio X e demais benfeitores –, iniciou-se a construção da igreja. Pio X pôde visualizá-lo pela janela de seu apartamento: a cada dia as paredes se elevavam mais e mais.

Para quem bate o sino?

O sino, ou melhor, a campainha, ecoou ao redor, mas em vão tentava-se reunir os moradores do bairro Trionfale, em Roma, para a celebração da primeira missa na nova igreja, dedicada a São José. Estranho! Era como se nada estivesse acontecendo em meio àqueles "barracos". Uma incrível indiferença e nenhuma curiosidade, segundo o depoimento da irmã guanelliana Paolina Bertani. Mesmo assim, a religiosa viveu intensamente este primeiro fracasso com "a alegria que faz renascer".

Em 2003, festejou-se o centenário da presença dos guanellianos em Roma com várias manifestações, presentes personagens da política, da cultura e numerosos amigos. Com certeza, os festejos teriam preenchido de satisfação o coração dos pioneiros que almoçavam em meio às urtigas, também elas providenciais porque a verdura constava no cardápio. Outra testemunha direta é Teresa Sironi, uma das cinco órfãs da Casa de Milão e que acompanhou as primeiras irmãs até Roma. Eis o seu relato:

Éramos três irmãs e eu e outras quatro órfãs. Vivia-se de esmola. Para dormir, na cobertura logo abaixo do telhado. As refeições eram feitas no chão e os ratos – passando por ali –, levavam embora a comida. Parece um sonho ao relatá-lo novamente. Para comer, nós nos dirigíamos a um gramado nas imediações a fim de apanhar urtigas, incluídas no cardápio e servidas à mesa.

Como é difícil iniciar uma obra! Transcorridos os primeiros meses de obstinada indiferença ao badalar do sino que convidava à oração na igreja recém-construída, colheram-se os frutos da perseverança, graças ao zelo do pároco, Pe. Aurélio Bacciarini, e das próprias irmãs.

A devoção a São José

Uma cruzada de orações pelos agonizantes: *o santo sodalício*. Pe. Guanella a instituiu denominando-a *Pia União do Trânsito de São José*. Foi pensada, desejada e efetivada em Roma, junto à Igreja de São José no bairro Trionfale, para unir, em todo o mundo, as forças dos que creem em Cristo, num sodalício similar à comunhão dos santos. Trata-se de um "circuito de caridade" para o auxílio e a salvação de quem ainda luta na terra no momento de sua passagem para a vida eterna.

O impulso da caridade de Cristo (*charitas Christi urget nos,* escreve São Paulo: 2Cor 5,14) encontrou um outro apóstolo exemplar para socorrer os agonizantes. Pia União ou Santa Cruzada – expressões em desuso, atualmente, mas familiares – encontraram imediata resposta em todo o mundo a ponto de deixar admirado Pe. Guanella, Pe. Bacciarini e o próprio Pio X, que quis se inscrever por primeiro. Bento XV seguirá seu exemplo, sofrendo por todos os mortos da *inútil tragédia* da guerra (1914-1918), envolvendo nações cristãs.

A nossa caridade apostólica não pode deter-se ao apelo dos desolados filhos que dirigem ao nosso coração o eco de sua lânguida voz, invocando um auxílio orante. Por isso é assaz consolador podermos contar com a Pia União do Trânsito de São José a fim de socorrer os pobres agonizantes. Em pouco tempo, ela obteve considerável desenvolvimento e divulgação...

Uma corrente ininterrupta de orações! Eis o que a Pia União oferece aos agonizantes: em uníssono, pela intercessão de São José, ela implora a graça de uma boa morte. De fato, as pessoas inscritas oferecem orações cotidianas, sofrimentos e gestos de caridade. Os sacerdotes, por turno, oferecem a Santa Missa, e "nós mesmos", conclui Bento XV, "aceitamos, em vista deste caridoso objetivo, celebrar a Santa Missa no primeiro dia de cada mês".

Com base na ideia do Fundador, Roma – coração da Cristandade – devia tornar-se o centro desta *união universal de oração*.

Tão somente para ilustrar

uma pequena história de grandes almas, retratada na publicação comemorativa de 2003... O texto evidencia a base da pedagogia e da ascética do Fundador, transmitido a essas primeiras irmãs qual ensinamento guanelliano, corroborado de simplicidade e heroísmo silencioso, penetrando naqueles corações. De fato, a semente caiu em terra fértil e produziu muitos frutos.

"Avante com coragem, avante com fé e coragem!" Eis as palavras de Pe. Guanella transmitidas às suas irmãs, "vítimas generosas! Não levem em conta vossa juventude, vossa capacidade e as qualidades externas por mais numerosas que sejam... Felizes, oferecestes à Congregação vosso nome e vossa vida. Seja esta, portanto, a finalidade a envolver todo o vosso potencial". Além disso, outras palavras que impressionam talvez batam de frente pelo inusitado realismo: "Escondidas, vocês devem consumir-se na oração como o trigo, dando pão a todos, e assim conseguir um cantinho no paraíso".

Simplicidade e heroísmo transparecendo de um breve lembrete ao ser inaugurada a igreja dedicada a São José no bairro Trionfale. Os romanos lhe deram o título de *"basilichetta"* [pequena basílica]. Por muitos dias o sino continuou a repicar, mas sem nenhuma resposta, porque o "ouvido do povo humilde não conhecia tal som. Por isso não prestava atenção e deixava tocar".

Não muito distante dali, a imponente cúpula da Basílica de São Pedro, sem prédios nas imediações. "Os casebres", como relata Bertani, "contam-se às centenas, com numerosos moradores. Cada família tinha de nove a dez filhos. E estes tugúrios incluíam tudo: dormitório, cozinha etc. Mas faltavam água e luz...".

Tudo isso nos diz do objetivo de Pe. Guanella em sua opção pelos locais mais pobres da cidade, qual testemunho concreto da caridade cristã em prol dos marginalizados. Daqui a insistência de Pio X em apressar Pe. Guanella na efetivação de suas obras. Como já vimos, às palavras seguiam-se valiosas doações em dinheiro e outros auxílios.

O Papa enviava à Casa da Providência muitas das ofertas que ele próprio recebia. Certa feita Pe. Guanella viu chegar um veículo carregado de velas. Era uma doação dos párocos de Roma ao Papa por ocasião da Festa da Apresentação do Senhor, no dia 2 de fevereiro ("Festa da Candelária"). Com certeza, naquela ocasião a vela oferecida pelo Pe. Guanella era a mais pequenina. Mas não por avareza. É que as parcas economias opunham-se à aquisição de grandes círios como os doados por outras comunidades. O Papa, ao tomar conhecimento do fato e brincar com o doador, enviou-lhe a carga toda. Assim, ao menos por algumas noites os casebres mais próximos se iluminaram com pequenas chamas, as chamas da caridade do papa.

Em 19 de março de 1912 – após o repicar do sino, que ninguém escutava –, Pe. Guanella conseguiu, finalmente, inaugurar a igreja em honra a São José, ali celebrando a primeira missa. Coroinha, o engenheiro Aristides Leonori, autor do projeto e construtor. Como pagamento, o privilégio de servir o altar na missa inaugural. Em termos, uma admirável "disputa" de generosidade e devoção pelo santo patrono da igreja, unindo o arquiteto a Pio X, que muitíssimo o auxiliou com doações em espécie, juntamente com o Pe. Guanella.

Na Família Guanelliana, a devoção a São José dispõe de raízes profundas. Nasceu e se desenvolveu na vida do Fundador desde a infância. Além disso, o próprio contexto histórico, no qual desabrochou a congregação, favoreceu a "redescoberta" do grande santo, cujo culto encontrava-se em franca expansão. Pio IX declarou São José patrono universal da Igreja, e os papas consecutivos prosseguiram na expansão de seu culto. Na encíclica *Quamquam Pluries*, Leão XIII escreveu:

> Se Deus concedeu São José à Virgem como seu esposo, não o concedeu apenas como baluarte da vida, testemunha da sua virgindade, protetor de sua honra, mas, em virtude do vínculo conjugal, tornou-o também participante de sua excelsa dignidade. Dessa dignidade provêm todos os compromissos que a natureza impõe aos pais de família, naturalmente.

Nessa reflexão, Pe. Guanella fundamenta a sua particularíssima predileção a São José. Sim, "o Pai eterno o escolheu como chefe da Sagrada Família". Dentre tantas razões que fundamentam sua particular devoção consta tal fato: o santo patriarca obteve o privilégio não apenas de viver, mas também de ultimar a extraordinária existência, assistido por Maria e Jesus. Por isso lhe confiaram o patrocínio dos agonizantes.

Aldeia de Fraciscio, onde nasceu São Luís Guanella.

Luís Guanella, ainda criança, cuidando do rebanho.

Catarina Guanella,
irmã de São Luís Guanella.

Maria Bianchi e Lorenzo Guanella, pais de São Luís Guanella.

Igreja de São Roque, em Fraciscio.

Fraciscio – Casa natal de São Luís Guanella.

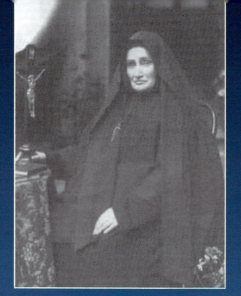
Marcelina Bosatta, cofundadora.

Bem-aventurada Clara Bosatta.

Casa Mãe, em Como (Itália).

Procissão com os restos mortais do Servo de Deus.

Filhas de Santa Maria da Providência e Servos da Caridade
no dia do reconhecimento canônico.

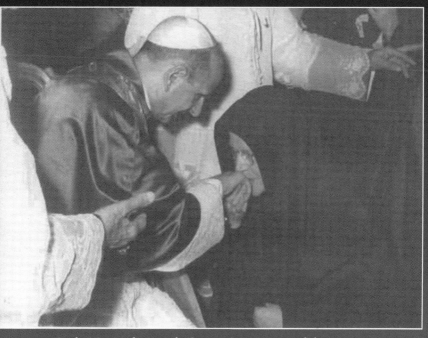

Paulo VI e Madre Angela Cettini, Superiora-geral das FSMP, no dia da beatificação, em 25 de outubro de 1964.

... com Pe. Ezio Cova, Servo da Caridade, postulador-geral.

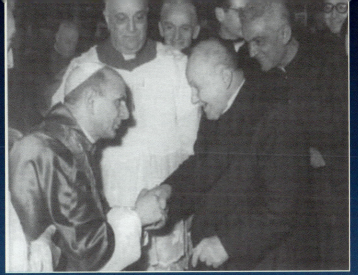

... com o sobrinho, Ir. Lorenzo Guanella, jesuíta.

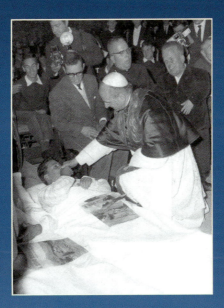

"É Deus quem faz!... Tudo é de Deus: a ideia, a vocação, a capacidade de agir, o sucesso, o mérito, são de Deus e não do homem" (Paulo VI, discurso da beatificação).

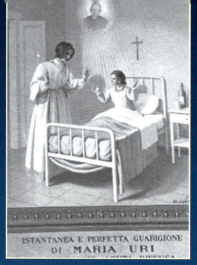

Cura instantânea e perfeita de
Maria Uri, que sofria com uma
peritonite aguda difusa.

Teresa Pighin, milagrosamente curada
de espondilite tubercular
e mal de Pott.

No centro da foto, William Glisson,
o jovem curado em virtude do milagre.

Praça de São Pedro no dia da canonização de São Luís Guanella.

"O testemunho humano e espiritual de São Luís Guanella é para toda a Igreja um dom de graça particular [...]. Graças à união profunda e incessante com Cristo, na contemplação do seu amor, Pe. Guanella, orientado pela Providência, tornou-se companheiro e mestre, conforto e alívio dos mais pobres." Trecho da homilia do Papa Bento XVI durante a canonização de São Luís Guanella, em 23 de outubro de 2011.

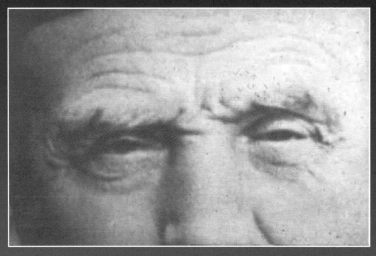

"A Providência guiou-me em todas as partes. Não temi pelas dívidas, nem pela vida. A Providência é aquela que faz por nós, e não há, portanto, nada a temer."

XVI

A VIA MARÍTIMA, OUTRA AVENTURA DA CARIDADE ENTRE OS EMIGRANTES

"Há pessoas que fundamentam
o seu patriotismo tão somente
em fazer ecoar a palavra pátria,
por isso que os filhos da nossa pátria
são forçados a emigrar;
por causa da fome os deixam partir
miseráveis e analfabetos,
dispersos e desamparados no mundo.
Não, não é deste modo que se ama a pátria.
Amam-na as pessoas piedosas
que enxugam as lágrimas do exilado,
as almas angélicas que se dedicam aos filhos do povo
para educá-los a uma vida virtuosa."

"Ide e ensinai as gentes"

O Espírito assemelha-se ao vento a inflar as velas da barca da Igreja. O mesmo acontece com o missionário, também ele impelido em alto-mar por esse vento benéfico. A missão, portanto, consiste no desejo de se fazer o bem, faz nascer e alimenta no coração de cada cristão o empenho em comunicar aos outros o grande dom da graça batismal. Por isso mesmo *é preciso ir*, se queremos responder ao urgente convite do Redentor. "Escuta o Vento", dirá João Paulo II em 1997, ano dedicado ao Espírito Santo.

No dia 17 de novembro de 1912, Pe. Guanella quis presenciar em São Carlos ao Corso a inauguração de um busto de João Batista Scalabrini, amigo de longa data, por ocasião dos vinte e cinco anos da congregação missionária por ele fundada. Em seguida, após a breve cerimônia, todos rumaram para a audiência pública no Vaticano. Pio X percebeu de imediato a presença de Pe. Luís e, como de praxe, pôs-se a brincar com ele para enfatizar sua assiduidade aos encontros com o Papa: "Mas como? O senhor também aqui? O senhor não é comasco [de Como]? Não! O senhor é cosmopolita!".

Era verdade, e essas palavras foram como que um convite a superar toda e qualquer hesitação. "Sim, o Santo Padre me abençoou para acompanhar o superior dos carlistas/scalabrinianos na viagem do dia 12 de dezembro. Com certeza ele me dará apoio para construir uma obra feminina e, depois, por aquilo que virá".

A partir de então, o pensamento dominante passou a ser o do anseio missionário, impelindo-o além-mar: ir à América para ali iniciar a sua Obra.

Padre Luís descobre a América

O sonho se realiza em dezembro de 1912. É uma data valiosa para Pe. Guanella, mas acompanhada pela consternação: "Fraqueza e timidez nossa não ter vindo dez anos atrás", escreve de Boston no dia 31 de dezembro. "É verdade que há mais tempo já se alimentava este desejo, mas foi preciso esperar a chamada do Alto." De fato, a indicação do Alto ele a obteve graças à recomendação da carta autografada por Pio X, na qual o pontífice lhe tecia grandes elogios. Ao entregá-la, o Papa recomenda em tom de brincadeira: "Cuidado para não sucumbir à soberba". Pe. Luís respondeu com os olhos radiantes de felicidade: "Santidade, basta que não me prendam e me permitam celebrar a missa". A emoção impediu uma resposta mais oportuna à brincadeira do Papa. Dez anos antes não havia como viajar aos Estados Unidos sem uma apresentação tão eficaz.

O amigo carlista Pe. Vitório Gregori apresentou-o aos bispos norte-americanos, como relata Pe. Guanella:

> Na vigília do santo Natal, ele me apresentou ao Cardeal Arcebispo O'Connor, reportando as recordações de Roma e da Igreja de São José. O prelado beijou com particular reverência o autógrafo com o qual Pio X se dignou acompanhar-me até aqui e almejou muita consistência para as Obras também a serem iniciadas aqui.

Preferência dar-se-ia à Diocese de Chicago. "Já se optara por essa grandiosa cidade como primeiro local para as fundações. Sim, já havia alguns anos o arcebispo – por intermédio do comendador Leonori – expressara o desejo de que ali se fundasse uma de nossas Casas e o Santo Padre havia dois anos dera seu aval."

Foi então que o "ilustre executivo" da caridade recuperou todo o vigor da juventude, que lhe permitiu percorrer o vasto território americano em todas as direções, muitíssimo admirado, e sempre atento para fundar uma de suas Obras. De Chicago viajou até Buffalo, para a imperdível visita às cataratas do Niágara, que o deixaram estupefato: "Oh, quão imenso o poder e a majestade de Deus! Como o homem, pequenino que é, deve ser grato a Deus por torná-lo instrumento de coisas admiráveis!". Todavia, o seu pensamento se voltava àquelas localidades onde os emigrantes se defrontavam – muitas vezes com a angústia do amanhã e a saudade da pátria distante – com a dura vida de quem estava numa situação difícil.

No dia 8 de fevereiro de 1913 Pe. Guanella *iniciava seu retorno à Itália*. Embarcou em Nova York e no dia 22 do mesmo mês desembarcou em Nápoles. De lá foi a Roma. No dia 5 de março Pio X o recebeu em audiência, acolhendo-o com a cordialidade de sempre e ouvindo, em grande síntese, o relatório de seu "descobrimento da América". No jornal de Como um breve comentário: "Convinha à América descobrir e reconhecer o grande coração deste padre italiano".

Uma recíproca descoberta, portanto, bem como enfatizou um diário de Nova York: "Convém valorizar a iniciativa do excelente ancião! Mesmo com setenta anos, veio aos Estados Unidos – abrasado pelo fogo da caridade humana –, circula, trabalha e se move projetando instituições com o intuito de suavizar o sofrimento dos emigrantes".

Na viagem de retorno – que durou quatorze dias, em meio a um mar agitado –, Pe. Guanella dispôs do devido tempo para reordenar as ideias e fazer as devidas anotações quanto à América, mormente às condições humilhantes de seus irmãos italianos, abandonados à própria sorte, material e espiritualmente. Visitando um hospital em Boston, duas mulheres italianas "quiseram me acompanhar, lamentando-se por não terem a Santa Missa e insatisfeitas com os cultos dos protestantes". E comenta: "que disposição nessas almas não doutrinadas e abandonadas...".

A América? Um mosaico de línguas e tradições diversificadas num intuito de unificação. Quanto ao aspecto religioso, indiferença! Todavia, graças ao céu, existem pessoas angélicas que se preocupam com os indigentes. Madre Francesca Savério Cabrini (1850-1917) é um exemplo. Sim, será essa pessoa que acolherá as primeiras Filhas de Santa Maria da Providência, como relatam as pioneiras: "Madre Cabrini nos acolheu com bondade e desvelo".

Franzina, assemelhava-se a um anjo com força de vontade inquebrantável. Quando chegou a Nova York, deparou-se com muitas dificuldades, o suficiente para desencorajar muitas pessoas, mas ela conseguiu enfrentar e superar os reveses. E dizia assim: "O caminho que leva ao céu é um caminho estreito. Nele há pedras e espinhos e ninguém pode percorrê-lo a não ser voando sobre ele". E a professorinha de Sant'Angelo Lodigiano chegou ao vértice da santidade com a canonização em 1945. A seu respeito João Paulo II enfatizou:

> Imbuída de singular audácia, com poucos recursos iniciou a construção de escolas, hospitais, orfanatos, tudo em prol dos que se aventuraram a emigrar ao Novo Mundo em busca de trabalho, sem conhecimento da língua e desprovidos de meios que lhes possibilitasse uma honrosa inserção na sociedade americana, vítimas, até mesmo, de pessoas sem escrúpulos. Seu coração materno não se abrandava: ia ao encontro de todos, nos casebres, nos cárceres e nas minas.

A missão nos Estados Unidos

Ao retornar da longa e frutuosa sondagem nos Estados Unidos, Pe. Guanella escolheu seis irmãs dentre as disponíveis; às demais garantiu a próxima viagem.

As irmãs pioneiras da missão nos Estados Unidos merecem ser recordadas por superarem, serenas, o duro impacto do confronto com uma realidade distinta daquela deixada na própria pátria. São elas: Rosa Bertolini (superiora), Sofia Iametti, Giacomina Ravasio, Claudina Bernasconi, Savina Andreotti e Maria del Cò.

Antes do embarque, em Nápoles – ao entardecer do dia 3 de maio de 1913 –, peregrinaram ao Santuário de Nossa Senhora da Pompeia: "Vimos o venerável Bartolo Longo. Que festiva acolhida a do bom velhinho", relata Irmã Rosa. Dentre elas, apenas uma verteu uma lágrima quando o navio se distanciou do porto, mas logo se recompôs e pediu desculpas às coirmãs pela compreensível fraqueza.

Na viagem, acompanhou-as o engenheiro Leonori. Um verdadeiro anjo da guarda, como salienta a Irmã Rosa, e valioso guia na caótica Nova York. Insuficientes, outrossim, as poucas palavras em inglês, transmitidas pelas irmãs do engenheiro. A sensação de estarem perdidas – o que é típico de quem se encontra numa metrópole, sem dominar a língua e os costumes de seus habitantes – acompanha-las-á por vários meses. O primeiro destino é Chicago, o mesmo das primeiras desilusões. Após a cordial acolhida do Arcebispo Edward Quigley, surgiram diversas dificuldades. Pareciam insuperáveis. Impensável um asilo nos moldes guanellianos. Nada de projetos imediatos. Para viabilizá-los, não antes de dez anos. Neste ínterim, aprender a língua e abrir uma escola para os filhos dos emigrantes. A única possibilidade de efetivar uma obra social resumiu-se no atendimento dos portadores de deficiência mental.

Mais que justificadas, portanto, as manifestações de desconforto e de saudade. Contudo, a Irmã Rosa, por tudo quanto estava ao seu alcance, fazia o possível e o impossível para silenciar quanto aos problemas. Assim, nas cartas enviadas à Irmã Marcelina Bosatta, assim se expressava: "Nós todas estamos bem, felizes e alegres, ninguém se lamenta por causa da pátria distante... De fato, o Senhor utilizou conosco a mesma estratégia que usou com os apóstolos. Sim, ele escolheu os mais ignorantes para manifestar ser de Deus a iniciativa e não do homem".

Contudo, para conseguir um mínimo de autonomia Irmã Rosa sonha construir um asilo, pertencente à sua Congregação. Tomou conhecimento de um terreno baldio no subúrbio de Chicago, pertencente à Diocese de Nova York. E pensou com seus botões: "Não se poderia solicitar a intervenção do Papa para obtê-lo gratuitamente?". Mas não houve como. Dom Quigley se opôs. O asilo a ser parcialmente financiado com as contribuições da comunidade religiosa, segundo as leis americanas, agravaria a já precária situação econômica dos habitantes da região.

A esse impasse se somavam outras dificuldades, oriundas das substanciais diferenças de mentalidade entre americanos e italianos. E como as irmãs não possuíam uma especialização, os olhares eram de compaixão, mesmo das autoridades e dos próprios católicos, mormente de origem irlandesa. A tudo isso Pe. Guanella respondia assim: "Não se preocupem, a Irmã Rosa sabe como fazer". Para confortar e estimular as suas irmãs que tinham deixado a Casa sob o olhar vigilante do Fundador – enfrentando com insuficiente preparação a aventura missionária nos Estados Unidos –, Pe. Guanella escreveu o opúsculo *"Vieni meco" para as irmãs guanellianas na América.* No texto ele analisa as dificuldades, como enfrentá-las, transmitindo-lhes um conjunto de normas espirituais e práticas, na eventualidade de lhes delegarem incumbências em detrimento de sua específica missão caritativa. Em síntese, um pouco de diplomacia, ou jogo de cintura, na expectativa de tempos melhores.

Contudo, Irmã Rosa – humilde, simples e tolerante – decide levar ao pé da letra as diretrizes do Fundador. "Longe de nós igualar-nos às demais congregações, ou seja, obedecer e submeter-nos mais aos bispos americanos em vez de aos próprios superiores...". É evidente que a Irmã Rosa não estava a par das normas do Direito Canônico para as congregações de Direito Pontifício. Como é do conhecimento de todos, elas dependem do beneplácito do bispo da diocese na qual residem. Por isso se aconselha com Pe. Guanella. E ele lhe responde: "As almas de fato humildes são as mais generosas e obtêm os melhores resultados em seus magnânimos empreendimentos... Cada religiosa – mesmo afável e exemplar –, possui seus defeitos; por isso vale o ditado: ame o amigo e tolera o seu defeito". É isso: devem-se valorizar os amigos apesar de suas limitações, ou, mesmo, insatisfeitos com o trabalho das irmãs. Aqui o Fundador se referia a Pe. Gambara, missionário carlista italiano. Em muito ele auxiliara na aquisição de um lugar adequado na cidade, mas não demorou muito para que ele emitisse um juízo inoportuno nestes termos: "Elas fazem pouco e estão todas ali, atrapalhadas".

Irmã Rosa contesta em carta remetida a Pe. Guanella: "Aqui as pessoas destacam a exterioridade. Cantos, ruídos, música... para atrair pessoas e mais pessoas. Pe. Gambara esperava por professoras de renome, diversas de nós". É bem provável que o missionário esperasse por irmãs empreendedoras, semelhantes à audaciosa Madre Cabrini, conhecida por todos os emigrantes. Mas são exceções. A realidade é bem outra, como atesta a docente de Sant'Angelo Lodigiano, envolvida com os religiosos de Scalabrini, amedrontados e receosos em face da missão. Ela, pelo contrário, não esperara por iniciar sua atividade: assistir os pobres e os doentes, considerada uma verdadeira Mãe (*the Mother)*. Com certeza, um exemplo a ser imitado!

As seis irmãs de Pe. Guanella eram corajosas, mas sem espaço para realizar sua específica missão. Mesmo assim se propunham iniciar com um centro para atender os portadores de deficiência mental... Finalmente – inclusive com a ajuda de Pe. Gambara, obtiveram o aval do arcebispo, aprovando quase todas as solicitações: nova sede, abertura de uma creche em bairro residencial com população de maioria italiana (grande satisfação das mães que acorreram para matricular seus filhos), salário mensal de vinte e cinco dólares para cada professora e permissão de pedir ajuda financeira. Tudo resumido, qual o nome a lhes ser dado? *Catadoras de espigas da metrópole?* Poderia até ser! Mas o que mais agradou foi, com certeza, a concessão de instalar a capela com o Santíssimo Sacramento. A presença real de Jesus, na própria casa, proporcionava às irmãs o conforto palpável... da oração eucarística. Por sinal, o último gesto de benevolência do bispo, Dom Quigley, falecido em 10 de julho de 1915, repentinamente. Mas a barquinha já desfraldara as velas, infladas pelo vento do Espírito. Aqui estamos e aqui permaneceremos do modo como Deus quer. Pe. Guanella assim se manifestara: *hic manebimus optime.*

Em termos, o mesmo com a nova sede: tão somente as paredes... Poderia haver maior pobreza? Não! Mesmo assim as irmãs estavam felizes! Até que enfim poderiam conversar com as pessoas e serem entendidas. Quem as socorreu foi uma benemérita senhora, Mollie Cleary. Antes de anoitecer ela enviou alguns pratos e talheres, duas mesinhas e camas, mas sem colchões e cobertores. Mollie se prontificou em dar-lhes aula de inglês no início da noite. Ela só podia lecionar à noite. No decorrer da jornada assistia pessoas doentes e crianças, algumas delas frequentando a creche e que as mães operárias vinham buscar em horas tardias da noite. Bons os resultados, como se deduz da correspondência de

Irmã Rosa e das coirmãs. Contudo, não descuidavam da economia, mesmo que fosse um selo de cinco centavos. Sendo assim, iniciou-se com uma creche. O restante veio depois. Sim, no declinar de seus dias Pe. Guanella educara seus filhos e filhas à generosidade para continuarem a sua Obra. O *bom êxito* de seu método pedagógico revelou-se oportuno até mesmo do outro lado do oceano, não obstante as incertezas iniciais quanto ao seu êxito. No mais, como acréscimo às privações, aos sacrifícios diários, às humilhações, Irmã Rosa solicitava a Pe. Guanella que lhe permitisse intensificar o uso do cilício, já usado em dois dias da semana. Não se sabe qual a resposta do fundador, ou, quem sabe, a resposta encontrava-se subentendida nas palavras dirigidas a todas as suas irmãs:

> É obra grandiosa ser
> olhos para o cego, bastão para o caído.
> A velhice, por si só,
> é venerável.
> Com fé as religiosas
> se dedicam aos idosos
> e com os olhos da fé fitam a si mesmas
> nos olhos profundos e embaciados,
> nas frontes repletas de rugas,
> naquelas pessoas encurvadas e titubeantes,
> e com fé acompanham
> o soluço dos agonizantes...

Esse devia ser o cilício preferido. A resposta vem do próprio Cristo: não há maior amor do que aquele que doa a própria vida ao próximo sofredor ou marginalizado, dentre eles, em particular, os doentes mentais, que a sociedade confiava de bom grado às irmãs.

XVII

LUZES NO CREPÚSCULO. ASSIM MORRE O JUSTO

"Não temas demasiadamente:
é preciso aniquilar os pequenos males.
As doenças são provações:
seja para o filósofo, seja para o cristão.
Evite as lamentações e sempre confie em Deus.
Não subestime a doença para fazer o bem."

Ao encontro de Cristo

Mesmo com o transcorrer dos anos não se arrefecia o desejo de fazer o bem. Isso se pôde constatar no ímpeto generoso em socorrer as vítimas do terremoto da Marsica em janeiro de 1915. Pe. Orione imitou seu gesto. Era tempo de guerra, inclusive na Itália, alimentada pela lábia de tantos "oportunistas", tais como Gabriele D'Annunzio.

Eis, portanto, como Pe. Guanella viveu tais momentos. Sereno, ele pensava no encontro que teria com Cristo; por isso queria deixar uma lembrança aos seus filhos. Em 23 de abril convocou o conselho da Congregação e os coirmãos entenderam que se tratava da despedida do pai. Sim, em junho ele publicava as *Normas a serem cumpridas nas Casas dos Servos da Caridade em vista de um adequado funcionamento das mesmas e em vista de uma observância mais intensa da vida religiosa*. Era o seu testamento espiritual para proclamar, à imitação de São Paulo, o seu *cursum consummavi*. Em uníssono com o incansável Apóstolo das Gentes, ele podia exclamar: "Combati o bom combate, [...] Desde agora, está reservado para mim a coroa da justiçar [...]" (2Tm 4,7-8).

Quando a guerra chegou à fronteira da Itália, Pe. Guanella convocou seus filhos para a oração através da circular de 25 de abril, nestes termos:

> O Coração de Jesus, movido de piedade graças à oração de tantos sofredores nossos, concedeu-nos muitas graças preservando-nos de numerosas tragédias e concedendo-nos resignação pelos males que nos atingiram. Mas a guerra se alastra sempre mais atroz e ameaçadora. Corre-se o risco de ela atingir, também, a nossa pátria e sermos envolvidos por esta tragédia. Devemos pedir perdão pelos nossos pecados e perdão pelos pecados do mundo.

A ameaça estava para se concretizar. A convocação chegara bem pontual, inclusive aos clérigos e sacerdotes da Obra. Em 23 de maio apagava-se a última chama de esperança e já no dia seguinte iniciava-se – também com as tropas italianas – a inútil tragédia, esconjurada pelo Papa Bento XV antes de iniciar, nestes termos: "É sangue fraterno, derramado em terra e nos mares... E o que dizer das lágrimas ocultas no interior das casas e aos pés dos altares, não proclamam, também elas, ser demasiadamente elevado o preço da diuturna luta?".

Na iminência do conflito, nenhuma probabilidade de o governo italiano – através da Câmara de Deputados da província de Como – atender ao pedido de Pe. Guanella, solicitando um subsídio para concluir o saneamento de Pian di Spagna. Mesmo assim, apesar dos pesares, a resposta chegou bem rápida ao interessado, vindo a comprovar que o inesperado aconteceu. No dia 2 de julho – em reconhecimento às suas obras beneméritas –, Pe. Guanella recebeu uma linda medalha de ouro e... uma ajuda financeira de duzentas liras. Em termos, algo bem melhor que as acirradas críticas de cada dia, até mesmo da administração pública.

Quase ao término de sua vida, Pe. Guanella empreende a última viagem a Roma. Na ocasião, em breve palestra às suas irmãs repetiu diversas vezes, na iminência da partida, estas palavras: "Tende entre vós grande caridade. Eu vou partir, em breve".

Sim, ele percebia a aproximação do crepúsculo. Enquanto o aguardava, Pe. Guanella desejava rever todos os seus filhos e filhas nas diversas Casas da Obra, esparsas em todas as regiões da Itália. De Roma, passando por Fratta Maggiore e Milão, chegou a Como e ali programou a viagem para visitar as Casas do Lago e da Valtellina e coordenar os trabalhos em Berbenno, sua última Casa. Seria, de fato, a última, e o repetiu ainda em julho, quando iniciou os trabalhos de reestruturação do que recebera em doação do idoso pároco: "É a minha última construção". Mas ninguém lhe deu ouvidos. Havia, ainda, muitas coisas a se fazer e o tempo era curto. Da América, por intermédio do engenheiro Leonori, chegavam boas notícias: as irmãs realizavam verdadeiros milagres na grande metrópole de Chicago e já estavam pensando numa expansão em outra cidade, após a valiosa vinda de duas irmãs da Itália. Foi o suficiente para reacender o apagado desejo do bem. Nova partida de seus montes e da Valtellina.

A constituição física começa a ceder: a paralisia

No dia 27 de setembro de 1915, prestes a embarcar para Berbenno, Pe. Guanella se deteve na rua Tommaso Grossi. Ali se encontrou com um amigo, levando-o a protelar a viagem por algumas horas para se entreter com ele. Não demorou muito e veio o golpe, qual raio em céu sereno: a paralisia. Os esforços empreendidos acabavam por minar sua fibra de montanhês, mas não o vigor de seu espírito, que se encaminhava com serenidade para cumprir a vontade de Deus no extremo sacrifício.

O diagnóstico – assinado por dois médicos, convocados com urgência –, não dava esperanças, pois a doença agravara-se, atingindo o aparelho renal. Era o dia 28 de setembro de 1915.

Uma afetuosa apreensão fez com que uma multidão se quedasse diante do quarto. O Papa e os bispos que conseguiram de Pe. Guanella o precioso dom de usufruir o auxílio de sua Obra demonstraram afeto e preocupação. À cabeceira do enfermo, entre tantas pessoas, também se fez presente o amigo Pe. Orione, que afagou suavemente a face de Pe. Guanella. Dos olhos do enfermo verteu uma lágrima, enquanto, com voz embargada, pronunciava as expressivas palavras: *In caritate Christi...* Tais palavras eram como que o selo de sua longa jornada consumida na caridade de Cristo em prol dos pobres.

"Morre um santo"

Os padres Leonardo Mazzucchi e Aurélio Bacciarini se revezaram à sua cabeceira a fim de prestar-lhe os devidos cuidados de filhos afetuosos, anotar as recomendações e memorizar cada palavra, logo anotada pelo Pe. Mazzucchi em seus apontamentos. Com certeza, um texto selecionado em resposta às palavras da Escritura: *ecce quomodo moritur iustus* ["assim morre o justo"]: "A minha doença é daquelas que conduz ao paraíso. Gravíssimo e terrível o pecado se, devido a uma reduzida pena temporal, tanto se deve sofrer. Quando virá a hora do paraíso?".

E volvia seu olhar aos filhos que o circundavam com os olhos banhados em lágrimas, procurando confortá-los com voz diminuta: "Deus pensará em vós: contamos com a Providência e ela vos ajudará. Eu vos amo. Não recuso o sofrimento. Sim, ofereço minha vida em sacrifício por vós".

E uma última recomendação paterna: "Segui-me! Segui-me com este lema: rezar e sofrer! É preciso viver santamente para morrer santamente. Adeus até o encontro no Alto, porque estaremos, todos nós, no paraíso!".

O Cardeal Andrea Carlos Ferrari enviou uma carta ao vigário Pe. Bacciarini com palavras de afetuosa participação: "Se não fosse em demasia, pedir-lhe-ia a caridade de um de seus suspiros para o Senhor em meu favor, até mesmo o suspiro de um santo e precioso tesouro. Compartilho as angústias da Casa religiosa, onde pude admirar os prodígios da caridade de Pe. Guanella".

A morte ocorreu em 24 de outubro de 1915 às duas e quinze da tarde. Antes de exalar o último suspiro, fechou um pouco os olhos e depois dirigiu o olhar a seus filhos, ajoelhados ao redor do leito em copioso pranto. Volveu o olhar à direita, como se respondesse a uma voz misteriosa, e quando do último suspiro reclinou a cabeça e entregou a alma a Deus. Bento XV, que se mantivera em contínuo contato com as pessoas que assistiam o enfermo, informado da morte, comentou: "Morre um santo".

O Cardeal Ferrari foi quem celebrou as solenes exéquias. No momento de abençoar o féretro, volveu ao defunto uma hipotética pergunta: "Com qual nome gostarias que eu te chamasse? Com certeza me responderias: Servo da Caridade!". Um nome que vem a esculpir, na sua mais autêntica característica, a figura moral de Pe. Guanella.

Também seu idoso bispo, Valfré, que se tornara cardeal, dirigiu-lhe um grande elogio, concluindo com estas palavras: "Ao paraíso, um novo cidadão; ao Instituto, um válido protetor celeste".

O bem-aventurado Conforti, bispo e fundador da Congregação Missionária dos Xaverianos, expressou-se com igual admiração: "Perdura em mim a relevante e agradável impressão que é típica dos santos, que eles deixam em quem conseguiu relacionar-se com eles".

Pe. Guanella foi sepultado no Cemitério Maior de Como. Mas foi por pouco tempo: em torno de um mês. Com autorização do Ministério do Interior, fez-se o translado ao Santuário do Sagrado Coração, em consideração à benemérita obra do falecido, encaminhado à glória dos bem-aventurados.

O Papa Paulo VI, oriundo da Lombardia, foi quem o beatificou em 25 de outubro de 1964.

A canonização do Pe. Luís Guanella: a cura de William Glisson

O milagre aconteceu na diocese de Philadelphia, nos Estados Unidos da América.

Na tarde de 15 de março de 2002, William Glisson estava patinando com um amigo, na avenida Baltimore Pike, na cidade de Springfield, em alta velocidade e sem capacete. Por causa de um pequeno buraco, caiu para trás após uma queda de dois metros e meio de altura e distante cerca de quatro metros, tendo como consequência um forte traumatismo na região ocipital.

Inconsciente, foi imediatamente levado de ambulância ao hospital "Crozer-Chester Medical Center", centro altamente especializado, onde foi diagnosticado um estado de coma profundo. Chamada às pressas, a mãe chegou ao hospital e ouviu dos médicos a gravidade das condições de saúde do filho. A situação dava poucas esperanças de vida.

William foi submetido a uma delicada intervenção neurocirúrgica, mas o decurso pós-operatório não revelava melhoras. Os médicos, pela gravidade do caso, decidiram, então, fazer mais uma neurocirurgia; mas, apesar das duas intervenções, constatava-se somente a piora contínua da situação.

No dia 19 de março, festa de São José, a doutora Noreen M. Yoder, amiga da família, que trabalha no Centro de Reabilitação para Deficientes Psicofísicos, da Obra Guanelliana, entrega à mãe de William duas relíquias do Beato Luís Guanella. A mulher, com grande fé, coloca uma relíquia no pulso do filho e a outra no próprio pescoço. A partir daquele momento, iniciou-se uma "corrente" de orações para obter um milagre do Beato Guanella. A rede de orações se espalhou não somente entre os parentes, mas também na escola católica frequentada pela irmã do jovem.

No dia 25 de março algo começou a mudar: os médicos registraram pela primeira vez algumas melhoras. Nos dias seguintes, são notadas mais alguns indícios de melhoras e, no dia 9 de abril, William sai do hospital com a indicação de um programa de reeducação funcional neuromotora. Após dois meses do trauma, mostrava uma recuperação tão rápida, que os neurocirurgiões ficaram maravilhados. O exame neurológico deu negativo; não se registram déficits cognitivos e neuropsíquicos.

Oito meses após o incidente, William voltou a trabalhar na empresa do pai como carpinteiro. Há quatro anos após o incidente, o quadro clínico resulta ótimo.

O quadro clínico foi confirmado pelos dois peritos neurologistas *ab inspectione* que, ao longo do processo canônico diocesano, em 2006, visitaram o jovem Glisson.

William não somente voltou a trabalhar, mas em 2008 se casou e leva atualmente uma vida normal. Após o processo canônico conduzido na diocese dos Estados Unidos, a documentação foi levada à Congregação para as Causas dos Santos, em Roma, e após os pareceres favoráveis da Comissão médica (12 de novembro de 2009), da Consulta dos Teólogos (30 de janeiro de 2010) e da Congregação ordinária dos Cardeais e dos Bispos (20 de abril de 2010), no dia 1º de julho o Papa Bento XVI autorizou a Congregação das Causas dos Santos a promulgar o relativo Decreto.

No Consistório Ordinário Público, ocorrido no dia 21 de fevereiro de 2011, o Papa Bento XVI estabeleceu a data da canonização: domingo, dia 23 de outubro, na Praça de São Pedro, em Roma.

E, neste dia 23 de outubro de 2011, o Papa Bento XVI, em sua homilia, afirmou:

> Graças à profunda e contínua união com Cristo, contemplando seu amor, Pe. Guanella, guiado pela Divina Providência, se fez companheiro e mestre, consolo e alívio dos mais pobres e débeis. [...] Hoje queremos louvar e dar graças ao Senhor porque em São Luís Guanella nos deu um profeta e um apóstolo da caridade. No seu testemunho, tão cheio de humanidade e atenção aos últimos, reconhecemos um sinal luminoso da presença e ação benéfica de Deus: aquele Deus

que defende o estrangeiro, a viúva, o órfão, o pobre que deve deixar o seu manto, seu único abrigo para cobrir seu corpo durante a noite (Ex 22,20-26). Que este novo santo da caridade seja para nós todos um modelo de profunda e fecunda síntese entre a contemplação e a ação, como ele mesmo a viveu e a praticou.

O Papa concluiu:

Que São Luís Guanella nos obtenha crescer na amizade com o Senhor para sermos no nosso tempo portadores da plenitude do amor de Deus, para promover a vida em todas as suas manifestações e condições, e para fazer que a sociedade humana chegue a ser cada vez mais a família dos filhos de Deus.

XVIII

DIVAGAÇÕES GUANELLIANAS: *SERVITE DOMINUM IN LAETITIA*

"A alegria é um remédio para os males da vida.
A melancolia do espírito, silenciosa e tranquila,
pode agradar, mesmo assim consegue-se mais
com a alegria do que com a melancolia.
Com a alegria se atraem os corações...
Os corações oprimidos não agradam.
A simplicidade origina-se da caridade."

Houve quem se escandalizasse ao saber que Pe. Guanella tornara-se amigo de Josué Carducci, autor do *Hino a Satanás*, poema em que autor assim se expressa: "Com certeza não se trata de uma poesia de santos, mas de pecadores; de pecadores que não se envergonham das alegrias e confortos humanos e que não fecham nenhuma via aberta". Ambos se encontravam em Madesimo, onde o poeta costumava passar as férias de verão. Certa vez, nesse local, eles tiveram longa conversa e se despediram com Carducci prometendo que viajaria até Como para visitar a Casa da Providência. Segundo Pe. Guanella, o célebre poeta era uma alma a reconduzir ao abraço do Pai, uma ovelha perdida a reconduzir ao redil com caridade. O poeta compusera o blasfemo hino a Satanás, mas se redimira com a magnífica ode a Nossa Senhora:

> Ave Maria. Quando no ar
> irrompe a humilde saudação, os pobres mortais
> descobrem a cabeça, curvam a fronte...
> Uma doce melodia de flautas
> passa invisível entre a terra e o céu...
> Silenciam-se os animais e os homens e as coisas,
> róseo o ocaso no azul se desvanece,
> murmuram as colinas ondulantes:
> Ave Maria.[*]

Nos diversos encontros com Carducci, Pe. Guanella notava nele uma abertura ao sentido religioso da vida e nutria a esperança de conseguir sua conversão. Quem sabe o milagre da caridade e da fé vivenciadas na Casa da Providência pudesse dar o definitivo impulso que Pe. Guanella esperava. Por vários motivos a visita à Casa da Providência não ocorreu. Mesmo assim rezou por ele.

Um outro poeta, Giovanni Bertacchi, autor de *Canzoniere delle Alpi*, consta, também, entre os amigos de Pe. Guanella. Quanto a este solitário amante da natureza, que passava semanas e semanas em meio aos montes, acima de Frascicio, junto às límpidas águas do Liro e da Rabbiosa, Pe. Guanella admirava a bondade e a espiritualidade. Teve com ele algumas horas de amigável conversa e lhe solicitou que compusesse a inscrição de uma capela. É bem provável que a epígrafe não fizesse o seu gênero, tanto assim que redigiu apenas uma linha. Mas depois se redimiu com a composição *Charitas*, de 14 de março de 1912, como segue:

---

[*] Tradução livre. (N.E.)

Caridade, caridade, sabes tu apenas
de um torrão de ávida terra
gerar a rosa que não tem inverno:
apenas por ti sobre as trevas humanas
lentamente o céu clareia e descerra
talvez presságio de um porvir eterno.*

Outra pessoa que Pe. Guanella conheceu foi Aquiles Ratti – futuro Papa Pio XI –, quando diretor da Biblioteca Ambrosiana. Ciente da grande familiaridade entre Pe. Guanella e Pio X, Dom Ratti entrou em contato com ele para favorecer Dom Antonio Ceriani – erudito e benemérito Prefeito da Ambrosiana –, em sua indicação para cardeal. Com certeza algumas pessoas se questionaram a respeito dessa nomeação. Se, deveras, uma biblioteca fosse o melhor trampolim para alguém se revestir da púrpura cardinalícia, pelo próprio fato de que um Príncipe da Igreja é, antes de tudo, um pastor de almas, próximo das suas ovelhas para conhecê-las. Da Ambrosiana é oriundo Pio XI, o Papa da *Conciliação* entre Igreja e Estado italiano. E como havia profunda amizade entre Pe. Guanella e Dom Ratti, um dia o prelado saiu-se com esta apropriada e original definição: *Guanella, Garibaldi da Caridade.*

Se até mesmo o futuro pontífice Aquiles Ratti solicitava a mediação de Pe. Guanella para obter um favor de Pio X, pode-se imaginar a que ponto se reduzira a sala de espera da Casa da Providência: uma espécie de "ministério de favores". Bem como salientou o erudito José Ballerini ao destacar que Pe. Guanella era uma das melhores apologias práticas do Cristianismo: "Em tempos de tamanha incredulidade, indiferença, ativismo e egoísmo, ele demonstrou o grande

---

* Tradução livre. (N.E.)

valor de uma fé viva e forte, em simbiose com um ardente amor a Deus e ao próximo...".

Desejo do bem a qualquer preço? Sempre havia alguém a soprar ao ouvido do dinâmico Fundador: "Atenção! Prudência! Não contraia tantas dívidas!". Mas ele não hesitava. Daqui a sua resposta: "É Deus quem faz e Deus providenciará". Por outro lado, havia também pessoas que desejavam um número mais expressivo de casas. Também para eles uma resposta na ponta da língua: "Eu faço como os alfaiates: cem medidas e um corte". De fato, antes de se empreender em novas aventuras de caridade, Pe. Guanella não deixava de fazer os devidos cálculos, tanto assim que um tabelião pôde assegurar aos duvidosos que, não obstante as dívidas, ele jamais deixou de honrar seus compromissos.

Essa honradez dobrou até mesmo os céticos mais exacerbados, tendo de admitir o sucesso de "um pobre sacerdote vindo da montanha, sem meios e sem dotes exteriores".

Em contrapartida, dispunha de ombros e braços robustos, habituados a manejar qualquer instrumento de trabalho para nivelar terrenos incultos e pantanosos. É o caso de Pian di Spagna. Dos músculos fez uso até mesmo para defender-se das agressões de algum mal-intencionado. Certa ocasião trocou socos com alguns jovens depravados que havia repreendido por causa de palavrões. Os jovens, depois de insultá-lo ao longo do caminho, tentaram chegar às vias de fato.

Nenhuma trégua com os blasfemadores. Certo dia, em Milão (Avenida Sempione), se defrontou com um carroceiro que "blasfemava... como um carroceiro". Pe. Guanella aproximou-se dele e pediu-lhe que o seguisse. "Vem comigo, eu quero lhe oferecer um copo de vinho e alguma coisa para comer."

O homem o olhou de cima a baixo e, percebendo que não precisava temer o humilde sacerdote, pôs-se a segui-lo com cavalo e tudo. Bem próxima a Casa Santo Ambrósio ad Nemus. Vendo-o chegar, a Irmã ficou admirada ao defrontar-se com os inusitados hóspedes. Pe. Guanella pediu para servir o carroceiro, dando-lhe de comer e de beber. E enquanto a Irmã se afastava para apanhar as coisas, ele disse: "Você se encontra na Casa da Providência, onde se trabalha e se reza muitíssimo... até mesmo por você, que ofende o meu e o teu Pai, blasfemando".

O carroceiro, depois de comer e beber, se despediu do generoso sacerdote. Um momento de muita emoção e uma lágrima furtiva no entrecruzar dos olhares.

Quando necessário, Pe. Luís também se dispunha a resolver os problemas mais urgentes dos outros, mas a seu modo. Padre Ludovico Antonelli – mais tarde bispo de Lodi –, teve de interromper a construção da Igreja de Santo Antônio, em Milão. Ele não dispunha de uma moeda sequer para pagar a primeira prestação a um fornecedor de material, totalizando seis mil liras. O que fazer? Recorrer ao costumeiro benfeitor? Não havia como. Já se aproveitara em demasia de sua generosidade. Ao sair da catedral, encontrou-se com Pe. Guanella, que, ao vê-lo pensativo, disse: "O que acontece contigo? Vê-se que estás preocupado".

Padre Ludovico respondeu: "Não sei como fazer para conseguir a devida importância e retomar a construção da igreja. Poderia contar com a sua ajuda?".

Pe. Guanella revirou os bolsos e encontrou apenas uma moeda de dez centavos. "Como vês, é muito pouco. Vamos, então, entrar na igreja e rezar."

Ajoelharam-se e pouco depois Pe. Guanella convidou Pe. Antonelli a retomar o seu caminho, dizendo-lhe: "Vai! Eu fico para prosseguir na oração".

Não demorou muito e Pe. Antonelli apareceu feliz da vida, manifestando ter-se livrado de um grande peso. Foi logo dizendo: "Pe. Guanella, o benfeitor me acolheu muito bem e me disse que até o entardecer poderei dispor da importância solicitada".

E Pe. Guanella: "Não lhe disse que deverias confiar em Deus? Agora, para agradecer, recitemos o *Te Deum*".

Os santos têm o dom de atrair as almas. Eis por que nas Casas da Providência não faltavam vocações femininas. Uma jovem, desejosa de entrar para a Família Guanelliana, não conseguia juntar o mínino de dote necessário. Pediu ao irmão a sua parte da herança, mas ele respondeu: "Você não precisa, porque não terá uma família para manter, se vai para o convento".

A jovem falou com a Madre Superiora e esta pediu conselho a Pe. Guanella, que lhe disse: "Deixa que venha, mesmo sem dote".

Após alguns dias, a jovem apareceu na portaria junto com... uma vaca e duas cabritas.

Em relação ao dote, as Filhas de Santa Maria da Providência não eram exigentes. Viu de perto isso um pároco que estava acompanhando uma jovem paroquiana que desejava ser religiosa guanelliana. Após as devidas apresentações na portaria, acompanhou a jovem até o quarto, levando a mala de papelão dela. O pároco queria ter a certeza de que as camas tivessem um colchão e um cobertor. O cobertor substituía o colchão. Mostrou esta realidade à sua paroquiana e lhe disse: "Volte para sua casa. Aqui você não pode ficar".

Mas a jovem estava irremovível. E não mudou de decisão, nem quando no jantar lhe serviram um pedaço de pão duro, chouriço de sangue tostado e uma fatia de polenta.

A Obra estava iniciando; pois as *Normas* do ano 1915 estabeleciam: "Evitem-se duas ofensas à Providência Divina, seja comprando coisas inúteis e supérfluas, seja deixando faltar o necessário para a alimentação, o vestuário e a saúde".

Segundo Pe. Guanella, é uma boa obra a favor dos ricos chamá-los a colaborar no auxílio aos pobres. E muitas pessoas se admiravam como tantas ofertas fossem parar em seus bolsos. Certa vez, um de seus amigos, Pe. Borgonovo, perguntou-lhe como isso acontecia: "Você não tem uma aparência muito simpática, por isso não entendo como os ricos lhe façam tantas ofertas". Pe. Guanella sorriu à impertinente pergunta do amigo e respondeu: "Isso nem eu sei". A simpatia provinha de sua amabilidade, uma virtude adquirida com o domínio de seu caráter duro como as rochas de suas montanhas e que ele adocicara a tal ponto que todos pensavam tratar-se de um dom da natureza tamanha sua amabilidade irradiando simpatia.

Certo dia, Pe. Bacciarini o acompanhou até o barco em seu regresso a Como. Enquanto aguardava o embarque, Pe. Guanella aproximou-se dos estivadores e se pôs a falar com eles. Perguntou-lhes se frequentavam a missa aos domingos e se estavam se comportando como bons cristãos. Com certeza, se fosse outro sacerdote a resposta seria bem outra. Mas com Pe. Guanella foi diferente. Mesmo que não o conhecessem, manifestaram interesse e simpatia, bem ao natural.

De vez em quando, chegava em casa com um pobre que encontrara deitado numa calçada ou junto a um portão para passar a noite. Certa vez, ao caminhar no escuro à luz de uma lanterna, em Roveredo, na Suíça, deparou-se com um bêbado caído por terra. Na tentativa de conversar com ele não obteve resposta, logo procurou carregá-lo às costas, mas não conseguiu. Então entrou em casa e pediu a dois homens que o buscassem. Naquela noite o homem dispôs de um leito, assim como Deus determina, e no dia seguinte, ao despertar, entendeu o lindo gesto de caridade, e não cessava de agradecer. "É o suficiente", disse-lhe Pe. Guanella. "Não se esqueça da moderação no vinho."

Tal ato de caridade se repetiu diversas vezes com diversas pessoas. Pe. Guanella não hesitava em ceder o próprio leito, passando a noite em oração na igreja, ou sentado numa cadeira: "É a Providência quem o envia, disse ele a um coirmão. E como não dispomos de um leito, leve-o a dormir na minha cama".

Outro fato interessante foi o de Agostino Gemelli, futuro frade franciscano, fundador da renomada Universidade do Sagrado Coração, em Milão. Pio X o enviou a Pe. Guanella para dirimir as sua dúvidas quanto à Revelação e à doutrina da Igreja: "Vai ter com Pe. Guanella, em meu nome", disse-lhe após um longo colóquio. "Abre-lhe o coração e faça o que disser."

Estupefato, Agostino Gemelli respondeu ao Papa: "Mas, Santidade, aquele padre não é um teólogo...".

E o Papa: "Mas você já não quebrou a cabeça com os teólogos? Você precisa de um santo, e Pe. Guanella é um santo".

Ordenado sacerdote, Pe. Gemelli – já renomado nos âmbitos médico e social – relata:

Fui ter com Pe. Guanella. Ele me acolheu com extraordinária caridade. Infundiu-me a especialíssima confiança na Providência, característica sua. Se eu consegui sair ileso daquela profunda crise devo-o à grande caridade de Pe. Guanella, à simplicidade de seu espírito. E ocorreram outros encontros até os últimos dias de sua vida. Quanta paciência sempre teve comigo, Pe. Guanella!

SÍNTESE DE UM PENSAMENTO

QUINZE PERGUNTAS HIPOTÉTICAS FEITAS A PE. GUANELLA COM QUINZE PROVÁVEIS RESPOSTAS

O senhor costumava dizer que, antes de encaminhar um projeto, sempre esperava por um sinal da Providência. Como o percebia?

Sentia um impulso em meu íntimo. Não sei como descrevê-lo, como defini-lo; mas me assegurava bom êxito até mesmo em meio às maiores contrariedades.

A sua confiança na Providência nunca cessou? Nunca desanimou, ou, pior do que isso, jamais se sentiu tentado a abandonar tudo, em face da incompreensão dos coirmãos, das autoridades civis e eclesiásticas?

É necessária, também, a tentação do desânimo. Caso se tivesse sempre a coragem de um leão, não seria mais o caminho da cruz. Quanto a isso, não me preocupei nem com a culpa, nem com os consentimentos, pois é Deus quem faz, como diz São Paulo aos cristãos de Corinto: o poder de Deus se manifesta em nossa fraqueza.

Contudo, teve muitos elogios. Poderia recordar um deles, particularmente?

Havia um senhor chamado Cavenaghi, membro da administração regional da Lombardia. Certa vez, mesmo a contragosto, dirigiu-se aos colegas, reunidos em assembleia, com estas palavras: "Muitas as promessas que se fazem, mas elas redundam em nada. Pe. Guanella fala pouco e muito realiza". Todavia, eu volto a repetir: "É Deus quem faz".

Entre tantos sucessos, algum fracasso o amargurou?

Em Como eu organizara um comitê de cidadãos ilustres para erigir um grande farol em homenagem ao mais ilustre concidadão, Alessandro Volta, por ocasião do centenário da invenção da pilha. Entre tantos que aprovaram a ideia estavam Ferrini, Necchi, Albertario. Mas surgiram dificuldades financeiras. Não havia como angariar as vinte e cinco mil liras necessárias à viabilização do projeto. Sendo assim, sugeri que se interpelasse o ricaço (*pescione*) Guglielmo Marconi. Bastava que ele deixasse cair da sua recheada carteira alguns centavos para honrar quem lhe possibilitara a invenção do rádio. Alguém me sugeriu que me dedicasse a projetos mais adequados à minha Obra e mais vantajosos em prol de meus pobres.

Talvez não estivessem totalmente errados. Havia muitas dívidas a saldar. Como conseguiu?

Muito simples: quanto mais se faz, mais a Providência fará. Quando as pessoas tomaram conhecimento da compra da tecelagem Binda, que se transformaria num grande asilo para acolher pessoas portadoras de deficiência, choveram as ofertas.

Como concebeu a ideia do saneamento de Pian di Spagna para fundar um vilarejo? Não era da alçada do governo?

Eu lera um relatório do Cônego Trussoni criticando o governo com estas palavras: os operários italianos emigram em busca de trabalho. Alguns labutam nas montanhas para conseguir um pouco de capim. Não seria o caso de efetivar o saneamento de uma grande planície para fertilizá-la e, assim, os desocupados nela poderem trabalhar? Foi o que fiz. Comecei com pouco. Ao todo, quinhentas liras. O restante veio da Providência, e assim surgiu Nova Olônio São Salvador.

Em seguida, Fratta Polesine, uma região deprimida. Como percebeu o estado de pobreza daquela população?

Foi através de um encontro ocasional com um sacerdote da região. Fui até lá e percebi o estado de pobreza daquelas pessoas desempregadas, de pele amarelada, desnutridas. Logo se pensou em viabilizar alguma coisa a fim de ajudá--los, oferecendo, diariamente, um prato de sopa quente, pois era inverno. Assim, ao chegar a primavera, teriam condições de poder lavrar a terra.

O senhor me confidenciou que viveu em tempos obscuros para a sociedade e para a Igreja. Sendo assim, lutaria de novo contra os maus costumes, recorrendo a admoestações?

A Igreja não pode fugir do combate. Sempre a luta e o trabalho. Com certeza usaria a arma das admoestações. Os tempos são tempestuosos. Por isso se deve agir de modo tal que surjam, nas paróquias, diversas associações em vista de tal necessidade espiritual e material: comitês, círculos, sociedades de ajuda mútua etc. Que o clero se disponha a auxiliar o povo e se preocupe com as suas necessidades...

Mas há feridas difíceis de cicatrizar. O santo filósofo Antonio Rosmini destacou cinco, mas foi contestado pela Igreja. Com o senhor não foi diferente, com a ameaça de suspensão, "a divinis", da parte de seu bispo.

Tais feridas se curam com coragem e um grande coração. E como se trata de chagas morais e quem é atingido por elas não se dá conta de estar afetado, como acontece com os loucos, deve-se curá-las indiretamente e com grande maestria. O mundo é um hospital. É preciso delicadeza no tratamento, muita fé e coragem. Todos nós nos damos conta da situação: não estamos bem. Até mesmo os bons desejam uma reforma nos costumes, na disciplina, no espírito de fé.

Em termos de educação, não seria oportuno iniciá-la na família, antes da escola?

Necessário se faz zelar pela família, sede natural da educação. Os pais têm uma especial incumbência e um grande compromisso. Logo a seguir vem a paróquia. Basta o empenho. Deus providenciará. É preciso unir em grupos os corajosos. Valorize-se a juventude, não se extrapole as suas fragilidades. Haja muita tolerância. O vento virá do alto. Muito perdão à juventude. Não deis excessiva importância às balbúrdias e pequenas fugas: permitam que a lenha se rache sobre os seus ombros. Importa que não cometam pecados. Alegrai-os com cantos e jogos, permeados de orações e mensagens.

Realmente, a Igreja convida os leigos para a animação cristã na paróquia. Mas isso não compete tão somente a eles. O que o senhor sugere além da atenção aos jovens?

Os leigos podem ajudar bem mais do que os sacerdotes pelo fato de terem acesso a todos os lugares. É preciso marcar presença em meio a infelizes e pecadores. No entretenimento, sempre se inspirar no Evangelho. Vale mais a bondade do que a ciência.

O senhor foi mestre em cuidar dos pequeninos, dos humildes, dos deficientes, desculpe a palavra. E com os grandes, como foi?

Aos grandes sempre me apresentei com poucas palavras e rapidamente, sem perda de tempo. Pedi poucos favores. Quanto às honras, desejando-as comprova-se que não se as merece. Melhor fugir delas, porque são um peso. Fazer carreira? Se quer fazer o bem, tenha total liberdade, mas sempre no seu devido lugar.

Que exemplos proporia aos jovens e qual o papel dos idosos?

Ao coração dos jovens Deus não fala tão somente através de sinais, arte, belezas naturais. Por isso eles devem escutar os sábios conselhos dos anciãos. O ser generoso aprende-se dos avós e deve-se imitá-los. De seus sacrifícios, de sua própria pobreza aprende-se a caridade, virtude mais aceita por Deus.

O senhor entende de pobreza. Mas existe pobreza e pobreza. A quem socorrer?

"Quem dá ao pobre, empresta a Deus." Ditoso o homem que entende e provê às misérias do pobre. Ditoso o homem que é fiel ao amigo necessitado. Para entender tal caridade, ocorre a devida clareza para ver Jesus oculto sob as vestes de cada pobre, estendendo a mão.

Quais os pensamentos que se apresentam à mente no ocaso da vida?

No ocaso o sol é mais lindo: o término da vida do homem é o mais valioso. Com o aproximar-se da morte a pessoa se afasta das coisas do mundo. O pensamento predominante é o encontro com o Pai a nos estender os braços e dizer: vem, servo bom e fiel... Não mais servo, mas filho.

BIBLIOGRAFIA

Fontes para a biografia de Pe. Guanella

GUANELLA, L. *Le vie della provvidenza. Memorie autobiografiche.* 2. ed. Roma: Nuove Frontiere, 2003.

MAZZUCCHI, L. *La vita, lo spirito e le opere di don Luigi Guanella.* Como, 1920. Ristampa anastatica: Roma: Nuove Frontiere, 1999.

TAMBORINI, A.; PREATONI, G. *Il servo della carità beato Luigi Guanella.* Milano: Àncora, 1964.

Os numerosos escritos editados e inéditos, catalogados na *bibliografia* organizada por M. CARRERA, *Don Guanella profeta della carità,* Roma: Città Nuova, 2004.

L'Opera omnia de Luís Guanella, publicada por Bruno CAPPARONI e F. FABRIZI, (Roma: Nuove Frontiere, 1988-1999). Os textos estão subdivididos:

• *Scritti per l'anno liturgico.*

• *Scritti storici e agiografici* (em 45 opúsculos de ampla abrangência – *De Adão a Pio IX, quadro das lutas e dos triunfos da Igreja universal,* às biografias de humildes ou ilustres personagens, de Jerônimo Emiliani e Anna Succetti e à bem-aventurada Clara Bosatta).

• *Scritti morali e catechistici* (em 19 opúsculos de 1872 a 1889. Dentre eles, *"Vieni meco", andiamo al paradiso*).

• *Scritti per la congregazione* (33 textos com o objetivo de salientar a origem e o carisma que animam as duas congregações – Servos da Caridade e Filhas de Santa Maria da Providência).

Textos históricos

BELLI, S. *La Casa della Divina Provvidenza in Como.* Roma: Nuove Frontiere, 1992.

CARROZZINO, M. *Don Guanella e don Bosco, storia di un confronto.* Roma: Nuove Frontiere, 1989.

DIEGUEZ, A. *L'apostolato caritativo di don Guanella nel suo pensiero e nelle sue realizzazioni.* Roma: Nuove Frontiere, 1993.

_____. *La famiglia Guanella: radici di natura e di grazia.* Roma: Nuove Frontiere, 2000.

_____. *La spiritualità di don Luigi Guanella.* Roma: Nuove Frontiere, 1992.

_____. *Le costituzioni e i regolamenti di don Guanella.* Roma: Nuove Frontiere, 1998.

_____. *Figlie di Santa Maria della Provvidenza e servi della Carità nei vent'anni successivi alla morte del Fondatore.* Roma: Nuove Frontiere, 2003.

_____. *Ricchezza di figure storiche intorno a don Guanella. Raporti e contributi reciproci.* Roma: Nuove Frontiere, 2000.

_____; MINETTI, N. *Don Guanella inedito, negli scritti di don Piero Pellegrini.* Roma: Nuove Frontiere, 1993.

LAPUCCI, C. *La figura, il pensiero e l'azione di don Luigi Guanella nei suoi scritti.* Roma: Nuove Frontiere, 1994 (reconstrução do longo caminho biográfico de Luís Guanella).

OLIVA, M. L. *Luigi Guanella: gli anni di Savogno 1867-1875.* Roma: Nuove Frontiere, 1991.

SAGINARIO, D. (a cura di). *Vita religiosa guanelliana e formazione, saggi storici.* Roma: Nuove Frontiere, 1994.

SOSCIA, E. *Una discepola di don Guanella;* beata Chiara Bosatta, Nuove Frontiere, Roma 1993.

VV. AA. *I tempi e la vita di don Guanella, ricerche biografiche.* Roma: Nuove Frontiere, 1990.

VENDRAMIN, E. *La morte e il morire in don Luigi Guanella.* Roma: Nuove Frontiere, 1995 (para descobrir o significado, o valor existencial e providencial do declínio da vida terrena com abertura serena ao transcendente).

Fontes indiretas

Dentre as 43 obras escritas por diversos autores citamos apenas algumas:

AGUADO, J. *Luigi Guanella prete samaritano.* Roma: Nuove Frontiere, 1994.

CATTORI, E. *Il vescovo Aurélio Bacciarini.* Lugano, 1945. Ed. anastatica: Roma: Nuove Frontiere, 1996.

CARINI, Alimandi L. *Luigi Guanella per le vie del quarto mondo.* Roma: Città Nuova, 1978.

CARRERA, M. *Don Guanella profeta della carità.* Roma: Città Nuova, 2004.

_____. *Don Guanella servo per amore e giocoliere della Provvidenza.* Roma: Nuove Frontiere, 1995.

_____. *Don Luigi Guanella, una storia chiamata speranza;* centocinquant'anni a servizio degli ultimi. Roma: Nuove Frontiere, 1992.

CREDARO, T. *Pane e signore nella vita e nelle opere di don Luigi Guanella.* Roma: Nuove Frontiere, 1981.

_____. *Un'anima francescana.* Roma: Nuove Frontiere, 1995.

_____. *Un cuore di Padre.* Roma: Nuove Frontiere, 1980.

_____. *Un povero montanaro.* Roma: Nuove Frontiere, 1983.

LAPUCCI, C. *Luigi Guanella, parabole di un samaritano.* Firenze: Editrice Fiorentina, 1986.

LUCARELLI, V. *Un contemporaneo affascinante;* don Guanella. Milano: Edizioni Paoline, 1991.

PELLEGRINI, P. *Don Guanella in terra veneta.* Noventa Padovana (PD), 1990.

VOLPI, D. *Storia di un coraggio;* don Luigi Guanella. Tavole di N. Musio. Roma: Edizione Paoline, 1982.

Impresso na gráfica da
Pia Sociedade Filhas de São Paulo
Via Raposo Tavares, km 19,145
05577-300 - São Paulo, SP - Brasil - 2012